お墓に
まつわる
法律実務

埋葬／法律／契約／管理／相続

NPO法人 遺言・相続リーガルネットワーク 編著

日本加除出版株式会社

はしがき

　お墓は、亡くなった人の遺骨を安置する施設です。かつてお墓は、土地、家屋とともに長男が相続し、家とともに守っていく、というイメージが一般的にあったかと思います。現在では、先祖代々のお墓以外にも、納骨堂への収骨、樹木葬といったさまざまな形態の「お墓」が存在するようになりました。いずれの場合も、故人が安らかに眠る場所であり、故人を偲ぶ場所であるということは変わらないでしょう。普段はなかなか訪れずともお盆やお彼岸にお墓参りに行くことが習慣となっている方は、多くいらっしゃるのではないでしょうか。

　日常生活であまり馴染みのないお墓の問題について検討するにあたり、本書では、まず人が亡くなったときにどのような手続をとるのか、というところから葬儀も含め、納骨までの一連の流れを分かりやすく解説しています。そして墓地の管理、遺言や祭祀承継など相続に関する問題について取り上げ、お墓にまつわるさまざまな問題や疑問について広く収録しました。

　編著者である「特定非営利活動法人（NPO法人）遺言・相続リーガルネットワーク」は、遺言・相続問題、遺言信託、福祉信託、事業承継、渉外相続といった分野に関する研究・普及活動を行うことを目的として設立された組織です。高齢社会が進行する中で、お墓の管理ができなくなりお墓を処分するということも増えてきています。「墓じまい」に象徴されるように、お墓の在り方自体が問われるような時代となってきました。

　今後、お墓に関する悩みはますます増えていくことでしょう。そのときに本書が多くの実務家にとって、また悩みを抱えた当事者にとってよい参考書となることを願います。

　最後に、執筆者各位は当会を支えていただいている中心的なメンバーであり、ボランティア精神をもって本企画・執筆に取り組んでくれました。ここに記して謝意とさせていただきます。

平成 28 年 9 月

特定非営利活動法人　遺言・相続リーガルネットワーク

理事長　松田　純一

凡　例

1　法令等の略記について

墓埋法	→	墓地、埋葬等に関する法律
墓埋法施行規則	→	墓地、埋葬等に関する法律施行規則
感染症法	→	感染症の予防及び感染症の患者に対する医療に関する法律
独占禁止法	→	私的独占の禁止及び公正取引の確保に関する法律

2　判例の略記について

津地判昭和 38 年 6 月 21 日下民 14 巻 6 号 1183 頁
　　　→　津地方裁判所昭和 38 年 6 月 21 日判決下級裁判所民事裁判例
　　　　　集 14 巻 6 号 1183 頁

3　文献の略記について

刑録	→	大審院刑事判決録	東高民時報	→	東京高等裁判所民事判決時報
民集	→	大審院民事判例集			
刑集	→	大審院刑事判例集	高民集	→	高等裁判所民事判例集
判決全集	→	大審院判決全集			
下民	→	下級裁判所民事裁判例集	判時	→	判例時報
			判タ	→	判例タイムズ
裁判集民	→	最高裁判所裁判集民事	金法	→	旬刊金融法務事情
			ジュリ	→	ジュリスト

4　厚生省、厚生労働省通知について

昭和 21 年 9 月 3 日発警第 85 号内務省警保局長、厚生省公衆衛生局長通知
　　→　昭和 21 年 9 月 3 日発警第 85 号内務省警保局長、厚生省公衆衛生局長から各
　　　　地方長官あて連名通知「墓地の新設に関する件について」

本書で参考にした厚生省、厚生労働省の通知について以下に挙げる。

昭和 21 年 9 月 3 日発警第 85 号内務省警保局長、厚生省公衆衛生局長から各地方長
　　官あて連名通知「墓地の新設に関する件」
昭和 27 年 8 月 5 日衛環第 74 号環境衛生課長から香川県衛生部長あて回答「墓地、
　　埋葬等に関する法律の運営について」
昭和 27 年 10 月 25 日衛発第 1025 号公衆衛生局長から京都府知事あて回答「個人墓
　　地の疑義について」
昭和 28 年 10 月 24 日衛環第 62 号環境衛生課長から福岡県衛生部長あて回答「個人
　　墓地の新設許可について」
昭和 30 年 1 月 10 日衛環第 1 号環境衛生課長から岡山県衛生部長あて回答「墓地、
　　埋葬等に関する法律の適用について」
昭和 30 年 8 月 11 日衛環第 56 号環境衛生課長から福岡県衛生部長あて回答「墓
　　地、埋葬等について」
昭和 30 年 9 月 15 日衛環第 36 号環境衛生部長から東京都衛生局長あて回答「墓

4 凡 例

地、埋葬等に関する法律施行上の疑義について」

昭和 30 年 11 月 15 日衛環第 84 号環境衛生課長から兵庫県衛生部長あて回答「改葬
　許可の取扱について」

昭和 31 年 9 月 19 日衛環第 94 号環境衛生課長から鳥取県衛生部長あて回答「墓地
　埋葬等に関する法律の適用について」

昭和 31 年 11 月 16 日衛環第 113 号環境衛生課長から茨城県衛生部長あて回答「墓
　地、埋葬に関する法律の疑義について」

昭和 32 年 3 月 28 日衛環第 23 号環境衛生課長から奈良県厚生労働部長あて回答
　「墓地、埋葬等に関する法律上の疑義について」

昭和 32 年 10 月 10 日衛環発第 53 号環境衛生部長から東京都公衆衛生部長あて回答
　「墓地、埋葬等に関する法律第 14 条第 3 項について」

昭和 35 年 3 月 8 日衛環発第 8 号各都道府県、各指定都市衛生主管部（局）長宛厚
　生省環境衛生部長通知「墓地、埋葬等に関する法律第 13 条の解釈について」

昭和 44 年 7 月 7 日環第 9093 号環境衛生課長から山口県衛生部長あて回答「墓
　地、埋葬等に関する法律上の疑義について」

昭和 45 年 2 月 20 日環衛第 25 号環境衛生局環境衛生課長から佐賀県厚生部長あて
　回答「墓地、埋葬等に関する法律の疑義について」

昭和 53 年 12 月 25 日環企第 190 号環境衛生局企画課長から各都道府県、各指定都
　市衛生主管部局長あて通知「妊娠期間の算定に関しての墓地、埋葬等に関する法
　律の運営について」

平成 12 年 12 月 6 日生衛発第 1764 号各都道府県知事・各指定都市市長・各中核市
　市長あて厚生省生活衛生局長通知「墓地経営・管理の指針等について」

平成 16 年 10 月 22 日健衛発第 1022001 号厚生労働省健康局生活衛生課長から北海
　道環境生活部長あて回答「樹木葬森林公園に対する墓地、埋葬等に関する法律の
　適用について」

平成 23 年 3 月 12 日健衛発 0312 第 1 号各都道府県衛生主管部（局）長あて厚生労
　働省健康局生活衛生課長「『平成 23 年（2011 年）東北地方太平洋沖地震』の発
　生を受けた遺体保存、遺体搬送、火葬体制の確保等について」

平成 23 年 3 月 14 日健衛発 0314 第 1 号各都道府県衛生主管部（局）長あて厚生労
　働省健康局生活衛生課長「『平成 23 年（2011 年）東北地方太平洋沖』の発生を
　受けた墓地、埋葬等に関する法律に基づく埋火葬許可の特例措置について」

平成 23 年 3 月 31 日健衛発 0331 第 2 号各都道府県衛生主管部（局）長あて厚生労
　働省健康局生活衛生課長「東京電力福島第一原子力発電所災害に係る避難指示区
　域内の御遺体の取扱について」

平成 23 年 4 月 14 日健衛発 0414 第 1 号各都道府県衛生主管部（局）長あて厚生労
　働省健康局生活衛生課長「『平成 23 年（2011 年）東日本大震災』の発生を受け
　た墓地、埋葬等に関する法律に基づく焼骨の埋蔵等に係る特例措置ついて」

平成 23 年 5 月 24 日健衛発 0524 第 1 号・社援総発 0524 第 1 号宮城県衛生主管部
　（局）長・災害救助法主管部（局）長あて厚生労働省健康局生活衛星課長・厚生
　労働省社会・援護局総務課長通知「土葬された御遺体の改葬に伴う災害救助法の
　取扱いについて」

目　次　5

目　次

| 第1章 | 埋葬等をめぐる法律問題 |

1 近時における火葬と埋葬の割合 ―――――― 2

Q 日本では毎年どれくらいの人が亡くなって、どれくらいの人が火葬されているのでしょうか。

2 墓埋法の趣旨・内容 ―――――――――――― 4

Q 墓埋法とは、どのような目的で制定された法律なのでしょうか。また、墓埋法では、どのようなことが定められているのでしょうか。

3 死者を葬る方法と法的規制 ――――――――― 6

Q 死者を葬る方法にはどのような種類のものがありますか。また、日本ではどのような死者を葬る方法が認められていますか。

4 散骨とは ―――――――――――――――― 10

Q 近年、お墓に遺骨を納めるのではなく、海や山に遺灰を撒くいわゆる「散骨」を希望する人が増えていると聞きます。このような「散骨」は、個人が自由にできるものなのでしょうか。

5 死亡から火葬・埋葬に至るまでの手続 ―――― 13

Q 亡くなった後、どのような手続を経て、火葬・埋葬されるのでしょうか。また、どのような書類が必要なのでしょうか。

〈東日本大震災と埋葬・火葬〉――――――――――― 21

6　目　次

6　遺体の搬送方法 ⋯⋯⋯⋯⋯⋯⋯⋯⋯⋯⋯⋯⋯ 23

Q　病院から自宅や火葬場に遺体を運ぶ場合、霊柩車を使用せずに、自家用車やバスやタクシーを利用してもいいのでしょうか。

7　墓埋法の規制対象となる「死体」 ⋯⋯⋯⋯⋯⋯ 26

Q　墓埋法の規制対象になる「死体」には、どのようなものがありますか。

8　感染症で死亡した場合 ⋯⋯⋯⋯⋯⋯⋯⋯⋯⋯⋯ 29

Q　感染症で死亡した場合の手続は、通常の場合と何か異なるところがありますか。

9　葬儀や埋葬等を親族以外の方に頼みたい ⋯⋯⋯ 32

Q　私は独身で、一人で生活をしています。親族とは疎遠であるため、私が亡くなったときの葬儀や埋葬等を親族以外の方に頼みたいのですが、可能でしょうか。

10　埋葬等の費用に関する助成 ⋯⋯⋯⋯⋯⋯⋯⋯⋯ 36

Q　埋葬等の費用に関する助成にはどのようなものがありますか。

11　埋葬許可証、火葬許可証、改葬許可証の紛失 ⋯ 38

Q　火葬場で返還してもらった火葬許可証を紛失してしまいました。この場合、焼骨の埋蔵はどのように行えば良いでしょうか。

12　棺の中に収めることのできる副葬品 ⋯⋯⋯⋯⋯ 42

Q　故人が生前愛用していたもの、例えば宝飾品やゴルフクラブを棺に収め、火葬することはできますか。

目　次　　7

13 冠婚葬祭と互助会 ─────────────────── 44

Q　近所の知人から冠婚葬祭の互助会への勧誘を受けています。話を聞く限り、確かにお得そうなのですが、加入してしまってよいでしょうか。

第2章　お墓と法律

1 墓石の形状 ──────────────────────── 48

Q　最近、いろいろな形状のお墓があると聞きますが、お墓の形状は自由に決められるのでしょうか。

2 墓地・納骨堂の経営主体 ───────────────── 50

Q　お墓は誰が経営しているのでしょうか。

3 お墓を買うとは ─────────────────────── 51

Q　「お墓を買う」といいますが、法律的にはどのようなことを意味するのでしょうか。

4 永代供養墓・期限付きの墓地使用権 ──────────── 53

Q　永代供養墓や期限付きの墓地使用権について、教えてください。

5 寺院墓地使用権取得と寺檀関係 ────────────── 55

Q　家族を埋葬するために寺院墓地の墓地使用権を取得する場合、宗派が異なる私もその寺院の檀家にならないといけないのでしょうか。また、親と宗派が異なる場合、自分も親の墓地を使用できますか。

8 目 次

6 納骨堂とは ──────────────────── 60

Q 納骨堂とは何ですか。お墓との違いを教えてください。

7 墓地使用権の内容・法的性質 ──────────── 62

Q 墓地使用権とはどのような権利でしょうか。また、墓地使用権はどのような事案で問題となるのでしょうか。

8 墓地使用権の二重設定 ──────────────── 66

Q 同一の場所に墓地使用権が二重に設定された場合、どのように優劣が決まるのでしょうか。

9 自宅でのお墓（墳墓）の建立 ──────────── 68

Q 自宅土地の一部を墓地として、遺骨を納めるお墓（墳墓）を個人的に建てることは、法律上許されますか。

10 墓地に対する抵当権の設定の可否及び
墓地使用権と抵当権の優劣 ──────────── 71

Q 抵当権が既に設定されている墓地について、永代使用権（墓地使用権）を取得し、墓石を設置しても大丈夫でしょうか。後日抵当権が実行された場合、墓石が撤去されてしまうのではないでしょうか。また、既に墓地使用権を有している土地に新たに抵当権が設定されてしまった場合はどうでしょうか。

11 離檀と納骨 ──────────────────── 75

Q 寺院墓地に先祖代々のお墓をもつ檀家が檀家を辞めようとする場合、お墓を当該寺院墓地から移動しないといけないのでしょうか。

目　次　9

12 葬儀と納骨 ———————————————— 80

Q 別の宗派で葬儀を済ませたのですが、寺院墓地に埋葬しようとしても、埋葬を拒絶されてしまうのですか。

13 誰を納骨するかの決定権 ———————————— 82

Q 次男はお墓が準備できないから本家のお墓に入りたいと希望していましたが、これを長男が断るという兄弟間の対立が続いたまま、次男が亡くなりました。この場合、次男は本家のお墓に入ることができるのでしょうか。

14 墓じまい ——————————————————— 84

Q 遠方にあるなどして、管理が困難になったお墓は、どのように処理したらいいのでしょうか。

15 墓地経営と住民紛争 ———————————————— 88

Q 近所に納骨堂が建つようですが、異議申立てはできますか。反対するにはどのような手続がありますか。

16 複数人との墓地等の使用関係 ———————————— 92

Q 仲の良い友達数名と一緒にお墓に入りたいと思っていますが、複数名で共同して一つのお墓を持つことはできるのでしょうか。

17 みなし墓地とは認められない墓地への埋葬 ———————— 94

Q みなし墓地とは何でしょうか。みなし墓地とは認められない墓地に、これから埋葬することはできるのでしょうか。

18 海外で渡航中に日本人が死亡したとき 96

Q 海外で亡くなっている日本人の数はどのくらいでしょうか。また、海外旅行先などで日本人の親族が死亡した場合に、どのような対応が必要でしょうか。その他留意すべき手続は何かあるでしょうか。

19 外国人が日本で死亡したとき 100

Q 外国人が日本国内で死亡した場合、どのような手続をとる必要がありますか。

第3章　お墓と契約

1 墓地の使用契約に関する約款（使用規制）の事例 104

Q 墓地を購入するに際しては、墓地経営者と契約を交わすことになりますが、どのような内容が規定されるのが一般的で、どのような点に気をつけたらよいのでしょうか。

2 墓石等のデザインや大きさ等についての規制 107

Q 墓石等のデザインや大きさ等について、何か制約はあるのでしょうか。

3 指定石材店 109

Q 墓地使用権を購入しようとしたところ、寺院から墓石の石材については、指定の石材店から購入するように求められました。自由に石材店を選べないのでしょうか。

目 次　11

| 第4章 | お墓と管理 |

1 改葬と分骨〜改葬①〜 ·· 114

Q　田舎にあるお墓に入っている父の遺骨を、自分が居住している地域の近くのお墓に移す場合、どのような手続が必要ですか。父の遺骨の全部を移動させる場合と、一部を移動させる場合で違いはありますか。

2 改葬と分骨〜改葬②無縁墓からの改葬〜 ·························· 117

Q　長い間音信不通であった親族が無縁仏として公営墓地に埋葬されていたことが分かりました。どのような手続をとれば、遺骨を引き取ることができますか。

3 改葬と分骨〜分骨①〜 ·· 119

Q　遠方に住む親戚からお墓に納められている故人の遺骨を分けて欲しいといわれた場合、応じなければならないでしょうか。
　もし、遺骨を分けることにした場合、どのような手続が必要でしょうか。

4 改葬と分骨〜分骨②〜 ·· 122

Q　火葬を済ませた後、まだ埋蔵又は収蔵していない遺骨を分けて別々に埋蔵又は収蔵することはできますか。

5 手元供養 ·· 125

Q　遺骨の全部又は一部を手元に置いておくことはできますか。

6　お墓からの遺骨の取出しと散骨 ………………………… 127

Q　お墓に納められている遺骨を取り出して散骨したいと考えています。散骨のためにお墓に埋蔵されている遺骨を取り出すには、どのような手続が必要でしょうか。

7　墓地の都合による墓の移動 ………………………………… 129

Q　先祖代々のお墓のある墓地から、古い墓地区画を整理したいので、最近造成した新しい墓地区画に移転して欲しいと言われました。応じなければならないのでしょうか。

8　土地の区画整理 ……………………………………………… 131

Q　私の家のお墓がある敷地が、市道拡幅のため市の行う区画整理事業の対象地域となり、対象区画内の別の場所へのお墓の移転を求められました。応じないといけないでしょうか。

9　墓地の管理料の値上げ ……………………………………… 134

Q　墓地から管理料を値上げするとの通知が来ましたが、応じなくてはならないのでしょうか。

10　墓地の管理料の不払い ……………………………………… 136

Q　墓地の管理料の支払をしばらくしていなかったところ、支払を督促する通知が送られてきました。このまま支払わないでいるとどうなるのでしょうか。

11　墓地内における犯罪・いたずら等への対応 ……………… 139

Q　墓地内の墓石が何者かによって破壊された場合、誰にどのような請求ができるのでしょうか。

目 次　13

12 自然災害による被害 ———————————— 141

Q　地震や台風などにより隣の墓石が倒壊し自分の墓所の墓石が破壊された場合、誰にどのような請求ができますか。

13 植木の被害や墓地内における害獣への対処 ———— 144

Q　①隣接地の墓地使用者が植栽した木が自分の墓地を汚していた場合、誰にどのような請求ができますか。②また、供物が置かれていることにより害獣が来て墓地が荒らされることがあるのですが、誰にどのような請求ができますか。

14 墓地の境界争い ———————————————— 146

Q　隣接する墓地区画の墓地使用者が境界線を越えて囲いを作るなど、私の墓地区画に侵入してきた場合、誰にどのように請求ができますか。

15 会計帳簿等の閲覧 ———————————————— 149

Q　墓地使用者が墓地あるいは納骨堂の経営者に対し、閲覧を請求できる書類にはどのようなものがありますか。

16 墓地の破産 ———————————————————— 152

Q　墓地を購入した後に墓地の経営主体が破産した場合、墓地使用権はどうなるのでしょうか。

17 墓地経営の中止 ———————————————— 156

Q　墓地の経営主体が、墓地経営をやめると言い出した場合、墓地はどのようになるのでしょうか。

第5章　お墓と相続

1 相続と祭祀承継 ……………………………………………………… 160

Q 祭祀承継者とは、何を承継し、どのような役割を果たす人なのでしょうか。また、どうやって決めるのでしょうか。

2 祭祀承継者が決まらない場合 ……………………………………… 165

Q 相続人の間で祭祀承継者が決まらない場合、どうやって決めたらいいでしょうか。

3 生前に祭祀承継者を指定する方法 ………………………………… 169

Q 相続人の間で祭祀承継者を誰にするか揉めないようにするため、生前に祭祀承継者を決めておく方法はありますか。

4 親族以外の者を祭祀承継者と指定することの可否 …………… 172

Q 親族がいない場合、親族以外の第三者（内縁の配偶者、友人など）を祭祀承継者として指定することはできますか。

5 宗教・宗派の異なる者を祭祀承継者と指定することの可否 …… 174

Q お墓があるお寺の宗派以外の宗教を信仰している者を、祭祀承継者として指定することはできますか。

6 お墓の名義変更手続について ……………………………………… 177

Q 父が亡くなり、私がお墓を継ぐことになりました。今後、どのような手続を取ればいいのでしょうか。

目　次　15

7　お墓の承継に伴う費用負担 ———— 180

Q　父が亡くなり、私がお墓を継ぐことになりました。今後、お墓を継ぐに当たって、どのような費用が掛かるのでしょうか。相続税はかかるでしょうか。

8　親族からの遺骨引渡要求 ———— 182

Q　祭祀主宰者として遺骨をお墓に埋蔵又は収蔵し管理している者が、他の親族から自分の管理しているお墓に入れたいとして遺骨の引渡要求を受けた場合、どのような対応が考えられますか。

9　お墓の生前譲渡 ———— 185

Q　生前に、お墓の使用権を他の人に継がせることができますか。

10　お墓の種類と納骨 ———— 188

Q　同じお墓に入ることができる人はどのような人ですか。①結婚して名字が変わった家族、②内縁関係にある者、③友人は同じお墓に入ることはできますか。

11　遺言と納骨 ———— 191

Q　自分の遺骨の埋蔵場所や埋蔵方法について遺言書に記載した場合、どのような法的効果が生じるのか教えてください。

12　お墓への副葬品 ———— 193

Q　お墓に副葬品を納めることはできますか。できるとして、どのようなものを納めることができますか。

参考資料
　墓地使用権に関する主な判例一覧 ———— 196

第1章

埋葬等をめぐる法律問題

2　第1章　埋葬等をめぐる法律問題

1　近時における火葬と埋葬の割合

Q 　日本では毎年どれくらいの人が亡くなって、どれくらいの人が火葬されているのでしょうか。

A 　最近5年間の統計を見ると、日本では毎年約115万～130万人が亡くなっており、そのほとんどの人（約99％）が火葬されています。

解　説

1　日本全国における死亡数等

　厚生労働省が毎年度発表している衛生行政報告例によると、最近5年間の「死体数」は次頁のように推移しています。

　亡くなられている方の総数は、平成21年度の約115万人から平成25年度の約130万人へと、高齢化に伴って漸増傾向にあります。また、火葬割合は、概ね99.9％で推移しています。

2　日本全国における4か月以上の胎児の死亡数等

　亡くなられた方の埋葬等に関する墓埋法は、「死体」に妊娠4か月以上の死胎（母親の胎内で死んだ子）を含みますが（同法2条1項）、上記の衛生行政報告例の「死体」の中に、死胎は含みません。

　もっとも、衛生行政報告例は、上記統計以外にも妊娠4か月以上の死胎について掲載しています（なお、死胎のうち、妊娠4か月未満のものに関する統計は見当たりません。）。それによると、最近5年間の「死胎数」は下表のように推移しています。

　総数は、平成21年度の約2.7万人から平成25年度の約2.4万人へと、少子化に伴って漸減傾向にあります。また、火葬割合は、概ね98～99％で推移しています。

　以上のように、日本では、毎年の「死体数」は115万～130万、「死胎

数」は 2.4 万〜2.7 万で推移しており、そのいずれについても、ほとんど（約 99%）が、火葬されています。

【死体数】

	総数	うち埋葬	うち火葬	火葬割合
平成 25 年度	1,301,111	139	1,300,972	99.99%
平成 24 年度	1,291,681	237	1,291,444	99.98%
平成 23 年度	1,273,548	1,021	1,272,527	99.92%
平成 22 年度	1,220,912	313	1,220,599	99.97%
平成 21 年度	1,156,461	332	1,156,129	99.97%

(出典) 衛生行政報告例（厚生労働省）
※平成 22 年度については、東日本大震災の影響により、宮城県のうち仙台市以外の市町村、福島県の相双保健福祉事務所管轄内の市町村及びいわき市が含まれていません。

【死胎数】

	総数	うち埋葬	うち火葬	火葬割合
平成 25 年度	24,033	239	23,794	99.01%
平成 24 年度	24,573	333	24,240	98.64%
平成 23 年度	25,588	344	25,244	98.65%
平成 22 年度	25,618	419	25,199	98.36%
平成 21 年度	27,167	456	26,711	98.32%

(出典) 衛生行政報告例（厚生労働省）
※平成 22 年度については、東日本大震災の影響により、宮城県のうち仙台市以外の市町村、福島県の相双保健福祉事務所管轄内の市町村及びいわき市が含まれていません。

4　第1章　埋葬等をめぐる法律問題

2　墓埋法の趣旨・内容

Q　墓埋法とは、どのような目的で制定された法律なのでしょうか。また、墓埋法では、どのようなことが定められているのでしょうか。

A　墓地、埋葬等に関する法律は、「墓地、納骨堂又は火葬場の管理及び埋葬等が、国民の宗教的感情に適合し、且つ公衆衛生その他公共の福祉の見地から、支障なく行われること」を目的として制定された法律であり、墓地、納骨堂又は火葬場の管理及び埋葬についての規制等をその内容としています。

解　説

1　墓埋法制定の経緯

日本における墓地・埋葬等の在り方は時代とともに変遷してきましたが、明治17年に「公衆衛生」と「治安政策」という二つの目的から「墓地及埋葬取締規則」（明治17年太政官布達第25号）、「墓地及埋葬取締規則に違背する者処分方」（同年太政官達第82号）が、昭和22年に「埋火葬の認許等に関する件」（昭和22年厚生省令第9号）が定められ、国家が墓地・埋葬等の在り方に関与することになりました。その後、「墓地及埋葬取締規則」等を引き継ぐ形で、昭和23年に墓地、埋葬等に関する法律が制定されました。

2　墓埋法の目的・内容

墓埋法は、その目的を「墓地、納骨堂又は火葬場の管理及び埋葬等が、国民の宗教的感情に適合し、且つ公衆衛生その他公共の福祉の見地から、支障なく行われること」としています（墓埋法1条）。

これは、墓地等の設置や埋葬等が国民の宗教的感情により行われるものであることから、これらが国民一般の宗教的感情に沿うものである必要が

ある一方で、公衆衛生その他公共の福祉に反する場合には一定の制約を加えることが必要となるからです。

墓埋法は全4章からなる法律で、「第1章　総則」では、同法の目的（1条）と同法で使用される用語である「埋葬」、「火葬」、「墳墓」等の定義が定められています（2条）。

「第2章　埋葬、火葬及び改葬」では、埋葬又は焼骨の埋蔵は墓地以外の区域に行ってはならないこと（4条）や、埋葬等をするためには市町村長（特別区の区長を含みます。以下同じ。）の許可を要すること（5条）など、埋葬、火葬及び改葬の手続及び実施場所等に対する規制が定められています。

「第3章　墓地、納骨堂及び火葬場」では、墓地等を経営するためには都道府県知事の許可を要すること（10条）など、墓地、納骨堂及び火葬場の経営や管理方法等に対する規制が定められています。

そして、「第4章　罰則」でこれらの規制に違反した者に対する罰則が定められています。

3　墓地、埋葬等に関する法律施行規則

また、同法の5条、8条、17条、18条等を補うために「墓地、埋葬等に関する法律施行規則」が定められており、各都道府県及び市町村等の自治体では、地域の事情に応じて埋葬方法及び許認可条件の細目を定めるために、条例や細則を定めています。

6　第1章　埋葬等をめぐる法律問題

3　死者を葬る方法と法的規制

Q 　死者を葬る方法にはどのような種類のものがありますか。また、日本ではどのような死者を葬る方法が認められていますか。

A 　死者を葬る方法としては、火葬、埋葬（土葬）、水葬、鳥葬、風葬、散骨、樹木葬などがあります。
　日本では、火葬及び埋葬（土葬）が墓埋法に基づき一定の手続の下で認められ、また水葬が船員法に基づき認められています。

解　説

1　死者を葬る方法の種類

　死者を葬る方法の種類としては、火葬、埋葬（土葬）、水葬のほか、かつてされていたとされる、鳥葬、風葬などが挙げられます。また、近時では、焼骨をお墓に納めるのではなく、海、山などに遺灰を撒くいわゆる「散骨」や、地面に穴を掘り、その穴の中に焼骨を撒き、その上に樹木の苗木を植える又は土や落ち葉をかける方法により焼骨を埋める、いわゆる「樹木葬」などの方法で行われる場合もあります。

2　日本で認められている死者を葬る方法

⑴　習俗としての葬儀

　過去の日本においては、埋葬（土葬）も主要な葬送方法でした。例えば、昭和5年においては、埋葬52.3％、火葬47.2％の割合でした。しかしながら、用地面積の問題と衛生面の問題から火葬が主流となり、現代では99.9％の方が火葬されています（厚生労働省「平成26年度衛生行政報告例」参照）。

　火葬された焼骨は、骨壺に収められます。骨壺は、自宅に置いておくこともできますが、骨壺をお墓に入れるという方法が主流になっている

といえます。

(2) 墓埋法による規制

上記のような習俗としての葬儀を踏まえ、昭和23年6月1日から施行された墓埋法は、死体（妊娠4か月以上の死胎を含みます。）を土中に葬ることを「埋葬」と、死体を葬るためにこれを焼くことを「火葬」とそれぞれ定義付けた上で（同法2条1項・2項）、埋葬や火葬を行おうとする者は、厚生労働省令で定めるところにより、市町村長の許可を受けなければならないと規定し、一定の手続の下で火葬及び埋葬（土葬）を認めています（同法5条）。具体的には、市町村長の埋葬又は火葬の許可を受けようとする者は、一定の事項を記載した申請書を墓埋法5条2項に定める市町村長に提出しなければなりません。申請手続の詳細については、後述本章Q5をご参照ください。

(3) 船員法による規制

船の航行中に船内で死亡者が出た場合、火葬や土葬を行うことは難しいため、船員法に基づく船長による水葬も、一定の手続の下で認められています（船員法15条、船員法施行規則4条参照）。

その場合、船長は、死体を水葬に付すときは、死体が浮き上らないような適当な処置を講じ、かつ、なるべく遺族のために本人の写真を撮影した上、遺髪その他遺品となるものを保管し、相当の儀礼を行わなければなりません（同規則5条）。

(4) 新たな葬送方法について

近時では、火葬、埋葬（土葬）、水葬以外の葬送方法として、散骨や樹木葬などの新たな方法が話題になっていますので、以下で各方法の適法性等について説明します（散骨については、本章Q4もご参照ください。）。なお、実際に散骨や樹木葬を行う場合は、地元の自治体や葬祭事業者へ相談していただくことをお勧めします。

ア　散骨と墓埋法との関係

厚生労働省は、散骨は墓埋法が想定していない葬法であり、散骨が墓埋法に直ちに抵触することはないとの見解を示しました（厚生省生活衛生局、平成10年6月発表「これからの墓地等の在り方を考える懇談会報告

書」)。もっとも、後述ウの平成 16 年 10 月 22 日健衛発第 1022001 号厚生労働省健康局生活衛生課長回答に鑑みれば、散骨の仕方によっては、墓埋法 4 条により禁止される、墓地以外の区域での「焼骨の埋蔵」に該当してしまう可能性があると考えられます。

　また、同報告書が、散骨が墓埋法に直ちに抵触しないとしても、公衆衛生上の問題を生じる場合や国民の社会的感情を損なうような形で行われるような場合には、公共の福祉による内在的制約を受け、墓地埋葬行政の規制対象となる、との見解も示している点には留意が必要です。

　実際に、東京都福祉保健局のホームページ[1]では、①海や川での散骨では、水産物などへの風評被害が生じるおそれがあること、②山での散骨では、土地所有者や近隣の人からの苦情や農産物への風評被害のおそれがあること等を紹介し、こうしたトラブルが生じないよう宗教的感情に十分に配慮するよう注意喚起を促しています。また、地方自治体の条例で散骨に関する規制を設けている場合もあります（北海道岩見沢市、北海道長沼町、長野県諏訪市、埼玉県秩父市、静岡県御殿場市等）。

イ　散骨と墓埋法以外の法律との関係

　次に、刑法 190 条の死体損壊等罪の遺骨遺棄との関係については、法務省は、死者を弔う目的で、相当の方法で行われる場合には、遺骨遺棄には該当しないとの見解を示していると一般的に言われています[2]。

　その他の法規として、廃棄物の処理及び清掃に関する法律や海洋汚染等及び海上災害の防止に関する法律との関係についても、それが相当の方法をもってなされる限り抵触しないものと解されています[3]。

ウ　樹木葬について

　地面に穴を掘り、その中に焼骨を撒いた上で、①その上に樹木の苗木を植える方法により焼骨を埋めることや、②その上から土や落ち葉をかける方法により焼骨を埋めることは、墓埋法 4 条の「焼骨の埋蔵」に該

---

1)　http://www.fukushihoken.metro.tokyo.jp/kankyo/eisei/bochitou/ryuuijikou.html
2)　ただし、この点への疑問を投げかける見解もあります（長谷川正浩・石川美明・村千鶴子編『葬儀・墓地のトラブル相談 Q & A』305 頁（民事法研究会、2014)）。参照。
3)　茨城県弁護士会編『墓地の法律と実務』271 頁（ぎょうせい、1997）参照。

当すると考えられています（平成16年10月22日健衛発第1022001号厚生労働省健康局生活衛生課長回答）。焼骨の埋蔵は、墓地以外の区画で行うことが認められていないため（同法4条）、上記見解を前提にした場合、樹木葬を墓地の区域内で行うことは可能ですが、墓地以外の地域、例えば公園内や山林、原野等で行うことは禁止されるといえます。

10 第1章 埋葬等をめぐる法律問題

4 散骨とは

Q 近年、お墓に遺骨を納めるのではなく、海や山に遺灰を撒くいわゆる「散骨」を希望する人が増えていると聞きます。このような「散骨」は、個人が自由にできるものなのでしょうか。

A 散骨を実施するに際しては、墓埋法違反及び刑法の死体損壊等罪（刑法190条）該当性が問題となり得ますが、節度をもって行われる限り、いずれの法律上も問題ないと考えられています。ただし、実施するに際してはその方法場所等につき十分に配慮するとともに、条例で散骨を禁じている地方公共団体もありますので、事前に確認することが必要です。

解 説

　焼骨をお墓に納めるのではなく、海や山に遺灰を撒く、いわゆる「散骨」を希望する場合には、埋葬について定める墓埋法及び遺骨の損壊、遺棄等を罰する死体損壊等罪（刑法190条）との関係で問題がないか検討する必要があります（なお、散骨については本章 Q3 もご参照ください。）。

1 散骨と墓埋法

　墓埋法は、「埋葬又は焼骨の埋蔵は、墓地以外の区域に、これを行ってはならない。」（同法4条1項）と定めています。「埋蔵」については同法上定義されていませんが、「墳墓」を「死体を埋葬し、又は焼骨を埋蔵する施設をいう。」（同法2条4項）と定義しており、「埋葬」が「死体（妊娠4か月以上の死胎を含む。以下同じ。）を土中に葬ることをいう。」（同法2条1項）と定義されていることからすれば、「埋蔵」とは「焼骨を土中に葬ること」と考えられます。

　以上から、墓埋法は、焼骨を埋蔵（＝土中に葬る）する場合には、墓地

以外の区域に行ってはならないと定めていると解釈できます。そのため、焼骨を埋蔵するのではなく、海や山に撒く「散骨」は直ちに墓埋法に抵触することはないと考えられます（厚生省生活衛生局、平成10年6月発表「これからの墓地等の在り方を考える懇談会報告書」）。

もっとも、本章Q3の2(4)ウでも触れましたように、散骨の仕方次第では、墓埋法4条により禁止される、墓地以外の区域での「焼骨の埋蔵」に該当してしまう可能性がありますので（平成16年10月22日健衛発第1022001号厚生労働省健康局生活衛生課長回答参照）、注意が必要です。

2 散骨と刑法

刑法190条は「死体、遺骨、遺髪又は棺に納めてある物を損壊し、遺棄し、又は領得した者は、3年以下の懲役に処する」として死体損壊等罪を定めており、同罪の保護法益は、国民一般の宗教的感情、健全な宗教的風俗と考えられています。

また、同法の客体である「遺骨」については、「死者の祭祀又は記念のためにこれを保存し又は保存すべきものであることを必要とし、死者の遺族その他遺骨を処分する権限を有する者が、風俗慣習に従い正当に処分、例えば放擲したものを包含しない。」（大宣大10年3月14日刑録27輯165頁）とされています。

このような同罪の保護法益及び「遺骨」の解釈からすれば、遺族等が故人の意思等に従って遺骨を散骨する行為は、それが相当な方法及び場所で行われる場合には、同罪を構成するものではないと考えることができます。

3 散骨をする際の留意事項

このように「散骨」そのものは、それが相当な方法及び場所で行われている場合には、法律により禁止されるものではないと考えられます。

もっとも、人骨に対する感情は人により様々であり、散骨の方法、場所によっては、水産物や農産物への風評被害や土地所有者・近隣住民とのトラブルとなることもあります。散骨をする際には、その方法（焼骨を人骨だと分からないくらい細かく砕く、人目につかないところで行う等）、場所（承

諾なくして他人の所有地に撒かない、近隣の住環境、自然環境に配慮する等）
等について十分に配慮することが必要です。

　また、このようなトラブルを防止するため、条例で散骨を禁じている地
方公共団体もあります。例えば、埼玉県秩父市では、「何人も、墓地以外
の場所で焼骨を散布してはならない。ただし、市長が別に定める場合は、
この限りでない。」（秩父市環境保全条例36条）として、原則として散骨を
禁止しています。この他、東京都福祉保健局は、散骨について「海や川で
の散骨では、水産物などへの風評被害が生じるおそれがあります。また、
山での散骨では、土地所有者や近隣の人とのトラブルが生じた例、撒かれ
た骨を目にした人からの苦情や農産物への風評被害のおそれがあります。
こうしたトラブルが生じないよう、人々の宗教的感情に十分に配慮するこ
とが必要です。」との見解をホームページ[4]上で示しています。

　したがって、散骨をする際には散骨を予定している地方公共団体におい
て散骨が可能であるか等を事前に確認する必要があります。

---

4)　http://www.fukushihoken.metro.tokyo.jp/kankyo/eisei/bochitou/ryuuijikou.html

Q5. 死亡から火葬・埋葬に至るまでの手続　　13

5　死亡から火葬・埋葬に至るまでの手続

Q　亡くなった後、どのような手続を経て、火葬・埋葬されるのでしょうか。また、どのような書類が必要なのでしょうか。

A　死亡の届出は、同届出の義務者が死亡を知ってから7日以内に、死亡診断書又は死体検案書と一緒に市町村に提出します。それと同時に火葬・埋葬の許可申請書を市町村に提出します（通常は、死亡後に通夜・告別式を行いますが、これは法令上の義務ではないので、通夜・告別式を省略して火葬を行う、いわゆる直葬もあります。）。

　市町村から火葬・埋葬の許可証をもらったら、火葬の場合は火葬場での火葬後に焼骨を墓地に運んで埋蔵し、埋葬の場合はそのまま遺体を墓地に運んで埋葬します。

〈死亡から火葬・埋葬まで〉

死亡 ⇒ 通夜・告別式 ⇒ 死亡届 ⇒ 火葬・埋葬許可 ⇒ 火葬・埋葬

※「通夜・告別式」を省略する場合もあります（直葬）。

解　説

1　死亡届

　死亡届は、届出義務者が死亡の事実を知った日から7日以内にしなければなりません（戸籍法86条1項）。死亡届には、死亡診断書・死体検案書を添付します（同条2項。傷病で診療継続中だった患者が、その傷病に関連した原因で死亡した場合に、医師は死亡診断書を作成します。それ以外の場合は、医師は死体検案書を作成します。両者の書式は同一です。）。

　なお、市町村の窓口に行けば、死亡届と死亡診断書・死体検案書が一体となった書面が備え置かれていますが、通常は、医師から死亡診断書・死

体検案書が記入された状態で死亡届と一体となった書面をもらえるので、わざわざ市町村の窓口に行く必要はありません。

死亡届は、届出義務者（①同居の親族、②その他の同居者、③家主、地主又は家屋若しくは土地の管理人）が、その順序に従って届出をしなければなりませんが（戸籍法 87 条 1 項）、後順位の者が届出をすることも可能です（同項ただし書）。また、届出資格者（同居の親族以外の親族、後見人、保佐人、補助人及び任意後見人）も届出をすることができます（同条 2 項）。

届出先は、死亡者の死亡地・本籍地又は届出人の所在地の市町村長です（同法 1 条、25 条、88 条）。

2　火葬・埋葬許可（本章 Q11 も参照のこと）

火葬（遺体を葬るために、これを焼くことをいいます。）・埋葬（遺体を土中に葬ることをいいます。）を行うためには、市町村長の許可が必要です（墓埋法 5 条 1 項）。この許可は、死亡届を受理した市町村長が行います（同条 2 項）。

そのため、通常は死亡届と一緒に市町村長に対して、火葬・埋葬許可申請書を提出します（同法施行規則 1 条）。この申請書に対して、市町村長が許可証を発行します（同法 8 条、同法施行規則 4 条）。

3　火葬

火葬の場合、受領した火葬許可証を持って、火葬場に遺体を運びます。火葬場以外で火葬することはできませんし（墓埋法 4 条 2 項）、火葬許可証が無い場合は火葬できません（同法 14 条 3 項）。

火葬場の管理者は、火葬後、火葬許可証に火葬を行った日時を記入し、署名押印し、これを返戻する必要があります（同法 16 条 2 項、同法施行規則 8 条）。火葬を求めた者は、返戻された火葬許可証を持って、墓地に焼骨を運び、埋蔵してもらいます（同法 14 条 1 項）。

もっとも、火葬された焼骨は、法律上墓地への埋蔵が義務付けられているわけではありませんので、骨壺に収められた焼骨を自宅で保管することもできます（ただし、自宅の庭に埋蔵する方法により保管することは、墓地以

外への埋蔵を禁じている墓埋法4条1項に抵触するため、できません。2章Q9
を参照ください。）。

　なお、火葬場によっては、葬儀社を通じた予約しか受け付けていない場
合もあるので注意が必要です。

4　埋葬

　埋葬の場合は、受領した埋葬許可証を持って、墓地に遺体を運びます。
墓地以外で埋葬することはできませんし（墓埋法4条1項）、埋葬許可証が
無い場合は埋葬できません（同法14条1項）。

16 第1章 埋葬等をめぐる法律問題

【書式】〈死亡届（死亡診断書・死体検案書と一体）〉

死 亡 届

平成28年 2 月 9 日 届出

東京都千代田区 長 殿

| 受理 平成 年 月 日
第 号 | 発送 平成 年 月 日 |
| 送付 平成 年 月 日
第 号 | 長 印 |

| 書類調査 | 戸籍記載 | 記載調査 | 調査票 | 附 票 | 住民票 | 通 知 |

(1) (2)	氏 名	（よみかた） こうの たろう 氏 甲 野　名 太 郎　☑男 □女	
(3)	生 年 月 日	昭和 25 年 2 月14日	生まれてから30日以内に 死亡したときは生まれた 時刻もかいてください。 □午前 時 分 □午後
(4)	死亡したとき	平成 28 年 2 月 9 日	☑午前 10 時 30 分 □午後
(5)	死亡したところ	東京都豊島区○○1丁目1	番地 番 1 号
(6)	住 所	東京都文京区○○1丁目1	番地 番 1 号
		世帯主 の氏名 甲 野 太 郎	
(7)	本 籍 外国人のときは 国籍だけをかい てください。	東京都文京区○○1丁目1	番地 番
		筆頭者 の氏名 甲 野 太 郎	
(8) (9)	死亡した人の 夫または妻	☑いる（満 60 歳） いない（□未婚 □死別 □離別）	
(10)	死亡したときの 世帯のおもな 仕　事　と	□1. 農業だけまたは農業とその他の仕事を持っている世帯 □2. 自由業・商工業・サービス業等を個人で経営している世帯 ☑3. 企業・個人商店等（官公庁は除く）の常用勤労者世帯で勤め先の従業者 　　数が1人から99人までの世帯（日々または1年未満の契約の雇用者は5） □4. 3にあてはまらない常用勤労者世帯及び会社団体の役員の世帯（日々 　　または1年未満の契約の雇用者は5） □5. 1から4にあてはまらないその他の仕事をしている者のいる世帯 □6. 仕事をしている者のいない世帯	
(11)	死亡した人の 職業・産業	（国勢調査の年…　年…の4月1日から翌年3月31日までに死亡したときだけかいてください。） 職業 　産業	
	その他		
届出人		☑1. 同居の親族 □2. 同居していない親族 □3. 同居者 □4. 家主 □5. 地主 □6. 家屋管理人 □7. 土地管理人 □8. 公設所の長 □9. 後見人 □10. 保佐人 □11. 補助人 □12. 任意後見人	
	住 所	東京都文京区○○1丁目1	番地 番 1 号
	本 籍	東京都文京区○○1丁目1	番地 番 筆頭者 の氏名 甲野一郎
	署 名	甲 野 一 郎 印	昭和51 年 4 月 4 日生
事件簿番号			

記入の注意

鉛筆や消えやすいインキ
で書かないでください。
死亡したことを知った日
からかぞえて7日以内に
出してください。
死亡者の本籍地でない役
場に出すときは、2通出
してください（役場が相
当と認めたときは、1通
で足りることもありま
す。）。2通の場合でも、
死亡診断書は、原本1通
と写し1通でさしつかえ
ありません。

▶「筆頭者の氏名」には、
戸籍のはじめに記載さ
れている人の氏名を書
いてください。

▶ 内縁のものはふくまれ
ません。

□には、あてはまるも
のに☑のようにしるし
をつけてください

▶ 死亡者について書いて
ください。

届け出られた事項は、
人口動態調査（統計
法に基づく基幹統計調
査、厚生労働省所管）、
がん登録等の推進に関
する法律に基づく全国
がん登録（厚生労働省
所管）にも用いられま
す。

Q5. 死亡から火葬・埋葬に至るまでの手続　17

第1章

死亡診断書（死体検案書）

この死亡診断書（死体検案書）は、我が国の死因統計作成の資料としても用いられます。かい書で、できるだけ詳しく書いてください。　記入の注意

氏　名	甲野　太郎	①男 2女	生年月日	明治 (昭和) 大正 平成 25 年 2 月 14 日 (生まれてから30日以内に死亡したときは生まれた時刻も書いてください) 午前・午後　時　分

→生年月日が不詳の場合は、推定年齢をカッコを付して書いてください。

夜の12時は「午前0時」、昼の12時は「午後0時」と書いてください。

死亡したとき	平成 28 年 2 月 9 日 (午前)・午後 10 時 30 分

(12)(13) 死亡したところ及びその種別	死亡したところの種別	①病院 2診療所 3介護老人保健施設 4助産所 5老人ホーム 6自宅 7その他
	死亡したところ	東京都豊島区○○1丁目1　番地 1 号
	[死亡したところの種別1〜5]施設の名称	○○○○病院

→老人ホームは、養護老人ホーム、特別養護老人ホーム、軽費老人ホーム及び有料老人ホームをいいます。

(14) 死亡の原因	I	(ア) 直接死因	脳出血	発病（発症）又は受傷から死亡までの期間	10 時間
		(イ) (ア)の原因	動脈硬化症		4 か月
		(ウ) (イ)の原因			
		(エ) (ウ)の原因			
	II	直接には死因に関係しないがI欄の傷病経過に影響を及ぼした傷病名等			

◆I欄、II欄ともに疾患の終末期の状態としての心不全、呼吸不全等は書かないでください。

◆I欄では、最も死亡に影響を与えた傷病名を医学的因果関係の順番で書いてください。

◆I欄の傷病名の記載は各欄一つにしてください。

ただし、欄が不足する場合は(エ)欄に残りを医学的因果関係の順番で書いてください。

傷病名等は、日本語で書いてください。

I欄では、各傷病について発病の型（例：急性）、病因（例：病原体名）、部位（例：胃噴門部がん）、性状（例：病理組織型）等もできるだけ書いてください。

妊娠中の死亡の場合は「妊娠満何週」、また、分娩中の死亡の場合は「妊娠満何週の分娩中」と書いてください。

産後42日未満の死亡の場合は「妊娠満何週産後満何日」と書いてください。

	手術	1無 2有	部位及び主要所見		手術年月日	平成昭和　年　月　日
	解剖	1無 2有	主要所見			

I欄及びII欄に関係した手術について、術式又はその診断名と関連のある所見等を書いてください。紹介状や伝聞等による情報についてもカッコを付して書いてください。

(15) 死因の種類	1病死及び自然死 外因死 { 不慮の外因死 { 2交通事故　3転倒・転落　4溺水　5煙、火災及び火焔による傷害　6窒息　7中毒　8その他　その他及び不詳の外因死 { 9自殺　10他殺　11その他及び不詳の外因 } 12 不詳の死

「2交通事故」は、事故発生からの期間にかかわらず、その事故による死亡が該当します。

「5煙、火災及び火焔による傷害」は、火災による一酸化炭素中毒、窒息等も含まれます。

(16) 外因死の追加事項	傷害が発生したとき	平成・昭和　年　月　日　午前・午後　時　分	傷害が発生したところ	都道府県 市区
	傷害が発生したところの種別	1住居　2工場及び建築現場　3道路　4その他(　)		郡 町村
	手段及び状況			

◆伝聞又は推定情報の場合でも書いてください。

「1住居」とは、住宅、庭等をいい、老人ホーム等の居住施設は含まれません。

傷害がどういう状況で起こったかを具体的に書いてください。

(17) 生後1年未満で病死した場合の追加事項	出生時体重　　グラム	単胎・多胎の別　1単胎　2多胎（　子中第　子）	妊娠週数　満　週
	妊娠・分娩時における母体の病態又は異状　1無 2有　3不詳	母の生年月日　昭和　年　月　日　平成	前回までの妊娠の結果　出生児　人　死産児　胎（妊娠満22週以後に限る）

妊娠週数は、最終月経、基礎体温、超音波計測等により推定し、できるだけ正確に書いてください。母子健康手帳等を参考に書いてください。

(18) その他特に付言すべきことがら	

(19)	上記のとおり診断（検案）する	診断（検案）年月日 平成　年　月　日
	(病院、診療所若しくは介護老人保健施設等の名称及び所在地又は医師の住所) 東京都豊島区○○1丁目3　番地 2 号	本診断書（検案書）発行年月日 平成　年　月　日
	(氏名) 医師　乙野三郎　印	

18　第1章　埋葬等をめぐる法律問題

〈死体火葬・埋葬許可申請書の一例〉
※札幌市火葬、埋葬及び改葬の許可手続に関する規程様式1

第　　　　号

死　体　火　葬　許可申請書
　　　　埋　葬

死 亡 者 の 本 籍					
死 亡 者 の 住 所					
死 亡 者 の 氏 名			性 別	男　・　女	
出 生 年 月 日		年　　月　　日	年 齢		歳
死　　　　　　因	1　1類感染症等　　2　そ　の　他				
死 亡 日 時	年　　月　　日　午　前後　　時　　分				
死 亡 場 所	市　　　　区				
火 葬　場　所埋 葬	里塚・山口・市外				
申請者	住　所				
	氏　名				
	死亡者との 続 柄		電　話		
申 請 年 月 日	年　　月　　日				
（あて先）札幌市　　　　　区長					

注1　火葬又は埋葬の別、性別、死因及び死亡日時は該当する部分に○をつけて
　　ください。
　2　死体は、死後24時間を経過しなければ火葬（埋葬）することができませ
　　ん。ただし、死因が1類感染症等の場合は、この限りでありません。
　　　「1類感染症」
　　　エボラ出血熱、クリミア・コンゴ出血熱、痘そう、南米出血熱、ペスト、マールブル
　　グ病、ラッサ熱
　　　「2類感染症」
　　　急性灰白髄炎、結核、ジフテリア、重症急性呼吸器症候群（病原体がコロナウイルス
　　属SARSコロナウイルスであるものに限る。）、鳥インフルエンザ（病原体がインフル
　　エンザウイルスA属インフルエンザAウイルスであってその血清亜型がH5N1である
　　ものに限る。）
　　　「3類感染症」
　　　コレラ、細菌性赤痢、腸管出血性大腸菌感染症、腸チフス、パラチフス
　　　「新型インフルエンザ等感染症」
　　　感染症の予防及び感染症の患者に対する医療に関する法律第6条第7項第1号に規定す
　　る新型インフルエンザ、同項第2号に規定する再興型インフルエンザ
備考　この様式により難いときは、この様式に準じた別の様式を用いることができ
　　る。

〈死体埋葬許可証〉 ※墓埋法施行規則別記様式第4号

第1章

別記様式第四号（第四条関係）

第　　　号死体火葬許可証

死亡者の本籍	
死亡者の住所	
死亡者の氏名	
性別	
出生年月日	
死因	｢一類感染症等｣｢その他｣
死亡年月日時	
死亡の場所	
火葬の場所	
申請者の住所氏名及び死亡者との続柄	

平成　年　月　日

市町村長印

（注）死因欄中第一条第四号に規定する感染症の際は｢一類感染症等｣に○印を付すること。
そうでないときは｢その他｣に○印を付すること。

〈死体埋葬許可証〉 ※墓埋法施行規則別記様式第1号

別記様式第一号 （第四条関係）

第　　　号死体埋葬許可証

死亡者の本籍	
死亡者の住所	
死亡者の氏名	
性別	
出生年月日	
死因	「一類感染症等」「その他」
死亡年月日等	
死亡場所	
埋葬場所	
申請者の住所氏名及び死亡者との続柄	

平成　年　月　日

市町村長㊞

（注）　死因欄中第一条第四号に規定する感染症の際は「一類感染症等」に○印を付すること。
そうでないときは「その他」に○印を付すること。

〈東日本大震災と埋葬・火葬〉　21

〈東日本大震災と埋葬・火葬〉

1　厚生労働省の通知

　平成23年3月11日に発生した東日本大震災では、1万5000名以上もの方が亡くなり、現在でも2500名以上の方が行方不明となっています（緊急災害対策本部作成　平成28年3月8日付「平成23年（2011年）東北地方太平洋沖地震（東日本大震災）について」）。

　東日本大震災では、地震による被害の他、津波により多数の死傷者が出るとともに、自治体も大きな被害を受けました。そのため、自治体も通常の墓埋法に基づく埋葬・火葬手続を行うことが困難になりました。

　そこで、厚生労働省は、平成23年3月12日、⑴都道府県が被害を受けた市町村から棺及びドライアイス、遺体の搬送並びに火葬体制の確保について応援要請を受けた場合、都道府県内市町村、近隣県等と連携を図るよう依頼するとともに、⑵①戸籍を確認することなく、死亡診断書又は死体検案書の確認により発行した特例許可証に基づく火葬や、②特例許可証による対応によってもなお公衆衛生上の危害を発生するおそれがある場合には、火葬場に直接火葬の申出があった遺体について、死亡診断書又は死体検案書を確認した上で火葬を行うことも検討する旨を通知しました（平成23年3月12日健衛発0312第1号厚生労働省健康局生活衛生課長）。

　そして、同年3月14日、上記検討の結果、上記特例許可証の発行（死亡者に係る死亡届を市町村長が受理した後、遺族が遺体を他の市町村に移動し、同所で埋火葬許可証を申請した場合においても特例許可証の発行を認めています。）や特例許可証の発行がなくとも、火葬場に直接火葬の申出があった遺体について、死亡診断書又は死体検案書を確認した上で火葬を行うこと等の特例措置を通知しました（平成23年3月14日健衛発0314第1号厚生労働省健康局生活衛生課長）。

　厚生労働省は、上記通知において、特例許可証により火葬した場合でも、混乱状況解消後は正式な火葬許可証の発行を受け、焼骨を埋蔵することが求められる旨通知しました。しかしながら、震災による混乱状況が解消されておらず、この方法では遺族に不都合を強いるおそれがあ

22　第 1 章　埋葬等をめぐる法律問題

り、また、多くの焼骨の埋蔵が停滞し、将来的に骨壺等の保管場所の確
保や多くの骨壺等の管理が困難になる可能性も否定できない状況にある
ことなどから、同年 4 月 14 日、特例許可証による焼骨の埋蔵を認めま
した（平成 23 年 4 月 14 日付健衛発 0414 第 1 号厚生労働省健康局生活衛生課
長）。

　一方で、東日本大震災では原子力発電所も大きな被害を受け、放射性
物質が放出されました。

　このことが遺体の火葬、土葬に影響を与えるのではないかが懸念され
ましたが、原子力安全委員会から遺体の放射能はほぼ体表面に残存する
ものであって、火葬、土葬ともに環境へ与える影響は問題にならない旨
の見解が出されたため、厚生労働省は各都道府県に対し、円滑且つ適正
な埋葬、火葬を実施するよう通知しました（平成 23 年 3 月 31 日健衛発
0331 第 2 号厚生労働省健康局生活衛生課長）。

2　被災地における埋葬・埋蔵

　東日本大震災の被災地では、一度に多くの方が亡くなられたばかりでは
なく、火葬場が損傷したこともあり、火葬が追いつかず、やむを得ず、土
葬をすることもありました。報道によれば、その数は 2000 人以上にもの
ぼりました[5]。

　現在の日本では、遺体の 99.9％が火葬されることから（本章 Q1 を参照
下さい。）、土葬の習慣はほとんどありません。そのため、土葬された遺体
は「仮埋葬」と呼ばれました。そして、一部の遺体は、その後、火葬され
埋蔵されたようです。

　東日本大震災では、被災自治体以外の自治体や自衛隊も協力して亡くな
られた方の埋葬・火葬が行われましたが、民間の協力もあり、上記のよう
な埋蔵も行われました。

---

5)　2014 年 3 月 2 日 NHK ニュースおはよう日本「知られざる死の記録」（NHK）。

6 遺体の搬送方法

Q 病院から自宅や火葬場に遺体を運ぶ場合、霊柩車を使用せずに、自家用車やバスやタクシーを利用してもいいのでしょうか。

A 霊柩車を使用せずに自家用車で遺体を搬送することは可能ですが、バスやタクシーを利用して運送することはできません。

解 説

1 自家用車による遺体の搬送

　人が病院で亡くなった場合、医師により死亡が確認され死亡診断書・死体検案書が作成されます。そして、遺体は、病院による処置後、病室から霊安室や遺体安置所と呼ばれる部屋に移されます（遺体の移動については、病院の指示に従うことになります。）。

　しかし、霊安室は亡くなられた方が一時的に利用する場所であるため、いつまでも遺体を安置しておくことはできず、自宅や斎場、寺院等に搬送しなければなりません。

　このとき、遺族が、自家用車に遺体を乗せて搬送することは、法律上禁止されていないため可能です。

2 バス、タクシーについて

　他方で、バスやタクシーで遺体を運送することは道路運送法により禁止されています。すなわち、バスやタクシーは、「他人の需要に応じ、有償で、自動車を使用して旅客を運送する」（道路運送法2条3項）ものであるところ、遺体は法律上は人ではなく、したがって「旅客」には当たらないので、遺体を運送することはできません。

　また、バスの旅客は「死体」をバス内に持ち込んではならないとされて

おり（道路運送法28条1項、旅客自動車運送事業運輸規則52条12号）、バス事業者もタクシー事業者も「死体」を携帯している者の運送を拒絶することができ（道路運送法13条6号、旅客自動車運送事業運輸規則13条2号、52条12号）、「死体」とともに旅客を運送してはならないとされています（旅客自動車運送事業運輸規則14条2項、52条12号）。

3　霊柩車について

　自家用車は、遺体を運ぶことを前提に製造されていないため、同車を利用して搬送するためには遺体の自動車への固定方法等、様々な事柄を検討することになります。そのため、通常は遺体を納めた棺を固定できる装置等が取り付けられている自動車（その形から宮型・バン型・バス型などの種類がありますが、以下ではまとめて「霊柩車」といいます。）で搬送されます。

　霊柩車で遺体を搬送できるのは、遺体が貨物自動車運送事業法上の「貨物」に当たるものと解釈されていることによるためです。すなわち、霊柩車事業を行っている事業者は、一般貨物自動車運送事業の許可を受けて「他人の需要に応じ、有償で、自動車（三輪以上の軽自動車及び二輪の自動車を除く。…）を使用して貨物を運送」しています（貨物自動車運送事業法2条2項、3条。なお、一般貨物自動車運送事業ではない他の貨物自動車運送事業の事業者である場合もあり得ますが、例外的です。）。

　一般貨物自動車運送事業の許可を受けるためには、「霊きゅう自動車」又は「霊きゅう自動車以外の自動車」の別を事業計画に記載しなければなりません（貨物自動車運送事業法4条1項2号、同施行規則2条1項3号）。

　なお、霊柩車事業を行っている貨物自動車運送事業者は、平成26年度末（平成27年3月31日）時点において、全国に4657者あり、その数は概ね増加傾向にあります。

【貨物自動車運送事業者数の推移】

国土交通省自動車局貨物課

(単位:者)

年度	特積	一般	霊柩	特定	合計
昭和 50 年度末	379	28,253	1,387	1,127	31,146
51	372	29,022	1,402	1,189	31,985
52	368	29,626	1,429	1,223	32,646
53	367	30,223	1,447	1,270	33,307
54	361	30,852	1,483	1,298	33,994
55	356	31,334	1,578	1,365	34,633
56	355	31,792	1,624	1,375	35,146
57	352	32,162	1,657	1,356	35,527
58	347	32,513	1,687	1,374	35,921
59	343	32,661	1,701	1,358	36,063
60	337	33,201	1,714	1,342	36,594
61	336	33,841	1,751	1,334	37,262
62	332	34,471	1,816	1,314	37,933
63	329	35,168	1,860	1,364	38,721
平成 元	325	35,888	1,937	1,405	39,555
2	297	36,485	1,856	1,434	40,072
3	292	37,387	1,909	1,465	41,053
4	290	38,569	2,035	1,414	42,308
5	287	39,627	2,167	1,369	43,450
6	286	41,047	2,370	1,312	45,015
7	285	42,501	2,606	1,246	46,638
8	279	44,299	2,860	1,191	48,629
9	279	45,959	3,081	1,162	50,481
10	276	47,437	3,292	1,114	52,119
11	275	49,148	3,490	1,106	54,019
12	272	50,401	3,655	1,099	55,427
13	268	51,732	3,795	1,076	56,871
14	276	52,948	3,852	1,070	58,146
15	280	54,224	4,031	994	59,529
16	283	55,678	4,140	940	61,041
17	279	56,695	4,211	871	62,056
18	282	57,167	4,312	806	62,567
19	292	57,672	4,397	761	63,122
20	300	57,457	4,424	711	62,892
21	299	57,276	4,480	657	62,712
22	292	57,537	4,535	625	62,989
23	290	57,600	4,594	598	63,082
24	280	57,440	4,623	567	62,910
25	276	57,439	4,660	530	62,905
26	280	57,217	4,657	483	62,637
対前年度増△減	4	− 222	− 3	− 47	− 268
内訳 許可等による増	5	836	110	0	951
廃止・合併等による減	1	1,058	113	47	1,219

(出典:国土交通省 http://www.mlit.go.jp/common/000232891.pdf)

26　第1章　埋葬等をめぐる法律問題

7　墓埋法の規制対象となる「死体」

Q　墓埋法の規制対象になる「死体」には、どのようなものがありますか。

A　墓埋法の規制対象となる「死体」には、妊娠4か月以上の死胎（母親の胎内で死亡した子）を含みますが、妊娠4か月未満の死胎は含みません。なお、切断された手足等も含みません。

解　説

1　死胎

　墓埋法2条1項では、「この法律で『埋葬』とは、死体（妊娠4か月以上の死胎を含む。以下同じ。）を土中に葬ることをいう。」とされています。

　通常、「死体」とは「死んだ人の身体」を意味しますので、通常の日本語の用法としては「死体」に胎児は含みません。しかし、墓埋法では上記のとおり「死体（妊娠4か月以上の死胎を含む。以下同じ。）」と規定されていますから、妊娠4か月以上で死産した場合の死胎は、墓埋法上の「死体」として墓埋法の規制対象となります（一方、妊娠4か月未満の死胎は墓埋法の規制対象外です。）。

　ただし、妊娠4か月以上の死胎であっても妊娠7か月未満の死胎については、墓埋法3条の規制（24時間以内の埋葬・火葬の禁止）は及びません（同条ただし書）。

　このように、妊娠4か月以上か否かが、墓埋法の規制対象となるか否かの分水嶺となりますが、「妊娠期間の算定に関しての墓地、埋葬等に関する法律の運営について」（昭和53年12月25日環企第190号環境衛生局企画課長通知）によれば、「妊娠4か月以上」は「妊娠満12週以上」に該当するとされています（「妊娠7か月未満」は「妊娠満24週未満」に該当します。）。

　なお、死体損壊等罪（刑法190条）における「死体」には、人の形体を

備えた死胎を含むとするのが判例ですので（大判昭和6年11月13日刑集10巻597頁）、妊娠4か月以上か否かとは関係なく、人の形体を備えているか否かによって死体損壊罪の「死体」に当たるか否かは判断されます。

2　切断された手足等

「墓地、埋葬等に関する法律の運営について」（昭和27年8月5日衛環第74号環境衛生課長回答）によれば、手術等により切断された手足等は、墓埋法の「死体」には該当しないとされています。

また、「墓地埋葬等に関する法律の適用について」（昭和31年9月19日衛環第94号環境衛生課長回答）によれば、遺体とは別に頭髪、爪等を分割して埋める場合、それらは墓埋法の「死体」には該当しないとされています。

28　第 1 章　埋葬等をめぐる法律問題

【「妊娠期間の算定に関しての墓地、埋葬等に関する法律の運営について」（昭和
53 年 12 月 25 日環企第 190 号環境衛生局企画課長通知）】

満　　　　週	月	
	か　ぞ　え	
0 1 2 3	第 1	
4 5 6 7	2	
8 9 10 11	3	
12 13 14 15	4	
16 17 18 19	第 5	
20 21 22 23	6	
24 25 26 27	7	
28 29 30 31	8	
32 33 34 35	第 9	
36 37 38 39	10	
40 41 42 43	11	

Q8. 感染症で死亡した場合　29

8 感染症で死亡した場合

Q 感染症で死亡した場合の手続は、通常の場合と何か異なるところがありますか。

A 通常の遺体は、死後 24 時間経過しなければ、火葬又は埋葬することが認められていませんが、感染症の病原体に汚染され又は汚染された疑いがある遺体は、原則として火葬しなければならず、また死後 24 時間経過前でも火葬できます。

また、感染症の病原体に汚染され又は汚染された疑いがある遺体の移動は禁止・制限される場合があります。

解 説

1 火葬・埋葬について

墓埋法 3 条本文によれば、「埋葬又は火葬は、他の法令に別段の定があるものを除く外、死亡又は死産後 24 時間を経過した後でなければ、これを行ってはならない」とされています。

つまり、通常の遺体は、死後 24 時間経過するまでは埋葬も火葬も認められていませんが、死後 24 時間経過すれば埋葬・火葬いずれも選択できるようになっています。

なお、船舶の航行中船内にある者が死亡したときは、水葬に付されることがありますが（船員法 15 条、同法施行規則 4 条）、その場合も原則として死後 24 時間経過しなければ水葬できないとされています（同法施行規則 4 条 2 号本文）。

これらは、万が一、蘇生する可能性があることに配慮したものです。

一方、感染症[6]により死亡した場合は、感染症の発生を予防し、又はその蔓延を防止する必要があるため、死後 24 時間経過前でも火葬し、又は

---

6) 感染症法に規定する「感染症」とは、一類感染症（エボラ出血熱等）、二類感染症

30　第1章　埋葬等をめぐる法律問題

埋葬をすることができます。すなわち、感染症の予防及び感染症の患者に対する医療に関する法律（以下、「感染症法」といいます。）30条3項によれば、「感染症の病原体に汚染され、又は汚染された疑いがある死体は、24時間以内に火葬し、又は埋葬することができる」とされており、死後24時間経過前でも火葬し、又は埋葬することができます。

　ただし、同条2項本文によれば、「感染症の病原体に汚染され、又は汚染された疑いがある死体は、火葬しなければならない」とされており、感染症で死亡した場合は原則として火葬しなければなりません（例外的に埋葬が認められるのは「十分な消毒を行い、都道府県知事の許可を受けたとき」（同条項ただし書）です。）。

　なお、水葬に関しても、感染症[7]によって死亡した場合は、24時間経過していなくても水葬に付すことが認められています（船員法施行規則4条2号ただし書）。これも、感染症の蔓延を防止することに配慮したものです。

2　遺体の移動について

　通常の死亡の場合、その遺体を移動させることに関して、墓埋法上は何ら規制はありませんが（詳細は、本章Q6をご参照ください。）、感染症による死亡の場合には感染症法による規制があります。

（結核等）、三類感染症（コレラ等）、四類感染症（鳥インフルエンザ等）、五類感染症（インフルエンザ等）、新型インフルエンザ等感染症、指定感染症（既に知られている感染性の疾病（一類感染症、二類感染症、三類感染症及び新型インフルエンザ等感染症を除きます。）であって、同法第三章から第七章までの規定の全部又は一部を準用しなければ、当該疾病のまん延により国民の生命及び健康に重大な影響を与えるおそれがあるものとして政令で定めるもの）及び新感染症（人から人に伝染すると認められる疾病であって、既に知られている感染性の疾病とその病状又は治療の結果が明らかに異なるもので、当該疾病にかかった場合の病状の程度が重篤であり、かつ、当該疾病のまん延により国民の生命及び健康に重大な影響を与えるおそれがあると認められるもの）をいいます（同法6条）。
　このうち、感染症法30条により制限が課されるのは、一類感染症（エボラ出血熱等）、二類感染症（結核等）、三類感染症（コレラ等）、新型インフルエンザ等感染症です。
7)　船員法施行規則では「感染症」ではなく「伝染病」という文言が使われています。ここにいう「伝染病」は、エボラ出血熱、結核、コレラ、特定鳥インフルエンザ、新型インフルエンザ等感染症、指定感染症又は新感染症等です（船員法施行規則2号表「1」）。

すなわち、感染症法 30 条 1 項によれば、「都道府県知事は…感染症の発生を予防し、又はそのまん延を防止するため必要があると認めるときは、当該感染症の病原体に汚染され、又は汚染された疑いがある死体の移動を制限し、又は禁止することができる。」とされており、感染症による死亡の場合は、遺体の移動が制限されたり禁止されたりすることがあります。

なお、遺体の移動が制限・禁止される場合には、その期間及び制限の内容が書面により通知されます（感染症法 36 条 1 項、同法施行規則 19 条 1 項）。

3　ガイドライン

感染症により死亡した場合、遺体の搬送作業や火葬作業に従事する者の感染を防ぐことが必要であり、厚生労働省の「埋火葬の円滑な実施に関するガイドライン」によれば、遺体の搬送や火葬に際しては、遺体からの感染を防ぐため、遺体全体を覆う非透過性納体袋に収納・密封するとともに、遺族等の意向にも配慮しつつ、極力そのままの状態で火葬するよう努めるものとされています。

32　第1章　埋葬等をめぐる法律問題

9　葬儀や埋葬等を親族以外の方に頼みたい

Q 　私は独身で、一人で生活をしています。親族とは疎遠であるため、私が亡くなったときの葬儀や埋葬等を親族以外の方に頼みたいのですが、可能でしょうか。

A 　生前に葬儀や埋葬等に関する死後事務に関する契約を締結することで、その契約に従い、受任者に埋葬等の手続を行ってもらうことができますが、契約がない場合は、法律の規定に基づき埋葬等されることになります。

解　説

1　死後事務に関する定め

(1)　はじめに

　親族はいるものの久しく疎遠であったり、あるいはそもそも親族がいないといった場合、配偶者や子どもがおらず、両親等の直系尊属も亡くなっており、現在は一人で生活されている方は、老後の準備や死亡後の葬儀や火葬、埋葬等（以下、本項では、火葬や焼骨の埋蔵、死体の埋葬（土葬）を併せて「埋葬等」といいます。）を誰に任せるのかは難しい問題です。

　死亡によって相続が発生し、法定の相続人が財産等を相続することとなりますが（民法889条1項）、疎遠であった相続人が、希望していたとおりの葬儀や埋葬等の手続を行ってくれるかどうかはわかりません。このような場合に、親族以外の方に葬儀や埋葬等の手続を依頼しておきたいと考えられる方も多いと思います。

　相続人がいないのであれば心配は尚更でしょう。

(2)　死後事務に関する委任契約

　そこで、現在、弁護士等の信頼できる者との間で、葬儀や埋葬等、お世話になった方や金融機関等への死亡した旨の連絡を行ってもらうこと

等を内容とする死後事務に関する委任契約を締結することが考えられます。

委任契約は、委任者又は受任者の死亡により終了するとされていますが（民法653条1項）、同規定は任意規定と解されているため（最判平成4年9月22日金法1358号55頁）、委任者の死亡後も効力が生ずる委任契約を締結することは可能です。

ただし、委任契約は解除が自由にできるため（民法651条1項）、委任者の地位を相続した相続人が、死後事務委任契約を解除してしまうおそれがあります。そこで、相続人による解除を防ぐべく、解除権を放棄する旨の特約を付けておくことも検討されてよいでしょう。

なお、上記契約と併せて、自らの判断能力の低下時に備えて任意後見契約を締結するほか、亡くなった後の財産の処分等を決めておくために遺言書を準備することも、一人で生活されている方には必要なことかと思います。

(3) 死後事務に関する定めと死亡届と遺体の引取り

死後事務に関する委任契約を締結した場合でも、実際に委任者が亡くなった場合、その方の死亡の届出は、同契約の受任者ではなくその方の親族やその方が入院していた病院の病院長等が行うこととなります。

すなわち、戸籍法87条は、死亡届出の順序として、①同居の親族、②その他の同居者、③家主、地主又は家屋若しくは土地の管理人と定めており、同条2項では、同居の親族以外の親族、後見人、保佐人、補助人及び任意後見人も、これをすることができると定めています。したがって死後事務に関する委任契約の受任者は、同時に任意後見契約における後見人である場合は別として、そうではない場合、死亡届出を行うことができません。

そのため、実務では、亡くなられた方が入院していた病院の病院長が死亡届の届出人となることを承諾している場合に、「家屋の管理人」として届出をする例があるようです。そして、病院長等から死亡届出書が役所に届け出られるとともに、死後委任に関する契約の受任者（実務では、亡くなられる前に寺院の住職と契約をする例があるようです。）が遺体

34　第1章　埋葬等をめぐる法律問題

を引取り、遺体の火葬を行うことになります。

　なお、地方公共団体によっては、受任者と委任者の関係、受任者の権限の有無やその範囲等を懸念することもあるようです。そのため、委任契約において遺体の引取り等について定める場合、最寄りの地方公共団体にも確認することも検討の対象になるかと思います。

2　遺言書における死後事務の定め

　上記の死後事務の委任契約の締結に代わり、遺言において死後事務の内容を記載するとともに、遺言執行者を定め、同人に執行してもらうことも考えられます。

　しかしながら、遺言において遺言執行者に指定された者は、遺言執行者に就任するかしないかの自由があります。また、葬儀や埋葬等といった死後事務のほとんどが法定遺言事項ではないため、遺言執行者に法的な強制力を及ぼすことができません[8]。そのため、遺言者の想いが実現しないおそれもあります。

　また、遺言において、負担付遺贈や条件付遺贈の方法により受遺者に死後事務を執り行ってもらう方法もあります。この場合、受遺者が負担や条件を履行しない場合、前者については、遺言執行者をして、死後事務の処理を執り行わない受遺者に対して取消請求権を行使する方法（民法1027条後段）が考えられるほか、後者については、そもそも遺言執行者からの履行承認を受けることを停止条件とする方法も検討されます。

　しかしながら、「いずれの方法にしても、受遺者の側が放棄して死後事務処理の負担を免れることは原則として自由」[9]であり、この点は遺言執行者が就任を辞退することができる点と同様であることに留意する必要があります。

---

8)　第一東京弁護士会司法研究委員会編『遺言執行の法律と実務』129頁（ぎょうせい、2004）

9)　日本弁護士連合会高齢社会対策本部編『改訂　超高齢社会におけるホームロイヤーマニュアル』146頁（日本加除出版、2015）

3 死後事務に関する定めをせずに亡くなった場合

他方で、死後事務に関する委任契約や遺言において死後事務について何ら約定や遺言をせずに亡くなった場合、法律の定めにより処理されます。

まず、死亡届出に関しては、上記戸籍法87条の定めに基づき、病院長や家主が行うことがあるようです。

つぎに、埋葬又は火葬については、墓埋法9条1項に「死体の埋葬又は火葬を行う者がないとき又は判明しないときは、死亡地の市町村長が、これを行わなければならない。」と定めているため、火葬については死亡地の市町村長が行うことになります（この場合における埋葬又は火葬の費用は、行旅病人及行旅死亡人取扱法11条ないし15条が準用されます（墓埋法9条2項）。）。

火葬後の遺骨の扱いについては、各地方公共団体に確認することが望まれます。地方公共団体によっては、一定期間、納骨堂に保存し、期間経過後に合祀するところもあるようです。

36 第1章 埋葬等をめぐる法律問題

10 埋葬等の費用に関する助成

Q 埋葬等の費用に関する助成にはどのようなものがありますか。

A 生活保護受給者は、生活保護法に基づき葬祭扶助を受けることができます（生活保護法18条2項）。また、国民健康保険の被保険者が死亡した場合には、葬儀を行った者に対して葬祭費が支給されます。

解 説

1 国民健康保険・後期高齢者医療保険

国民健康保険・後期高齢者医療保険の被保険者が死亡した場合には、葬儀を行った者（喪主）は葬祭費の支給を申請することができます（国民健康保険法58条1項、高齢者の医療の確保に関する法律86条1項）。申請先は被保険者の住所地の市町村役場になります。なお、葬祭を行った日の翌日から2年が経過すると、葬祭費の請求権は時効により消滅します（国民健康保険法110条1項、高齢者の医療の確保に関する法律160条1項）。

2 被用者保険

健康保険法や船員保険法等の被用者保険の被保険者が死亡した場合には、その者により生計を維持していた者であって、埋葬を行う者（喪主）は、埋葬料の支給を申請することができます（健康保険法100条1項等）。埋葬料の支給を受けるべき者がない場合においては、埋葬を行った者は埋葬に要した費用に相当する埋葬費の支給を申請することができます（同条2項等）。

また、被保険者の被扶養者が死亡したときは、被保険者には家族埋葬料が支給されます（同法113条等）。

なお、死亡をした日の翌日から2年が経過すると、埋葬料、家族埋葬料

の請求権は時効により消滅します（同法193条等）。

3 雇用保険

業務災害又は通勤災害により被保険者が死亡した場合には、葬祭を行う者は葬祭料又は葬祭給付の支給を申請することができます（労働者災害補償保険法12条の8、22条の5）。なお、死亡をした日の翌日から2年が経過すると、葬祭料又は葬祭給付の請求権は時効により消滅します（同法42条）。

4 葬祭扶助について

生活保護法は、「生活に困窮するすべての国民に対し、その困窮の程度に応じ、必要な保護を行い、その最低限度の生活を保障するとともに、その自立を助長することを目的」（1条）としており、同法には生活扶助や教育扶助のほか、葬祭扶助も定められています（11条）。同法18条は1項で生活保護受給者自身が葬祭を執行する場合の扶助について定め、2項では生活保護受給者が死亡した場合に、民生委員、友人、施設管理者等が葬祭執行者として、葬祭扶助を申請することができる旨を定めています。葬祭扶助の申請先は、原則として、申請者の住民票のある地方自治体の福祉事務所になります。葬祭扶助の支給金額は、実費の範囲内で生活保護基準によって定められており、対象項目は搬送から火葬までの必要な項目（搬送用車両（霊柩車）、お棺、骨壺、火葬料金、死亡診断書等）に限られ、遺影写真や会葬礼状、祭壇費、返礼品、料理等は含まれません。

38　第1章　埋葬等をめぐる法律問題

11　埋葬許可証、火葬許可証、改葬許可証の紛失

Q 　火葬場で返還してもらった火葬許可証を紛失してしまいました。この場合、焼骨の埋蔵はどのように行えば良いでしょうか。

A 　火葬許可証を紛失した場合、まずは火葬許可証を発行した市町村に対応を確認することになります。火葬執行前であれば、許可証を紛失した事実を確認する資料等を提出した上で許可証の再発行を受けることになり、火葬執行後の場合、火葬場の管理者が保管する火葬簿に基づき証明証の再発行を受けることになると考えられます。

解　説

1　埋葬又は火葬許可証・改葬許可証の発行（1章 Q5 も参照のこと）

⑴　埋葬許可証、改葬許可証又は火葬許可証の意義

　人が亡くなり、遺体の埋葬又は火葬を行おうとする者は、市町村長の許可を得る必要があります。また、埋葬された遺体を他の墳墓に移し、又は埋蔵し若しくは収蔵した焼骨を、他の墳墓又は納骨堂に移す場合にも、改葬を行おうとする者は、市町村長から許可を得る必要があります（墓埋法5条1項）。各許可証の様式は、1章 Q5 に掲載したものを参照ください。

　市町村長は、上記許可を与える場合、埋葬許可証、改葬許可証又は火葬許可証を交付しなければなりません（同法8条）。

　埋葬、火葬又は改葬に許可を要するのは、「埋葬等が、国民の宗教的感情に適合し、かつ公衆衛生その他公共の福祉の見地から、支障なく行われるように、自由な埋葬等を禁ずる」ことを目的としているためです[10]。

Q11. 埋葬許可証、火葬許可証、改葬許可証の紛失　39

⑵　**埋葬、火葬又は改葬を許可する市町村長**

　　埋葬、火葬又は改葬の許可は、埋葬又は火葬に係るものにあっては死亡若しくは死産の届出を受理し、死亡の報告若しくは死産の通知を受け、又は船舶の船長から死亡若しくは死産に関する航海日誌の謄本を受けた市町村長が、改葬に係るものにあっては死体又は焼骨の現に存する地の市町村長が行います（墓埋法5条2項）。

2　火葬許可証がない場合の埋蔵について

⑴　**火葬許可証がない場合とは**

　　ところで、埋葬又は火葬許可証の交付日と埋葬又は火葬執行日が異なる場合、埋葬又は火葬執行日前に許可証を紛失する場合があります。また、火葬後の焼骨は、火葬後当然に墳墓に埋蔵しなければならないわけではなく、例えば遺族の自宅に安置することもできます。この墳墓に埋蔵しない間に、火葬許可証の返還を受けた者が火葬許可証を紛失してしまうこともあります。

　　埋葬又は火葬許可証及び改葬許可証は、性質上、1遺体につき1枚発行されるものであるため、紛失した場合の取扱いが問題になります。

　　このほか、例えば墓地区画外で道路工事を行っていたところ、偶然に人骨が発見される場合や、アパートの一室において氏名不詳者の焼骨が発見される場合にも、火葬許可証がないことが焼骨を埋蔵するに当たり問題となります。

　　このように火葬許可証がない場合の取扱いについては、下記⑵ないし⑸の行政実例に基づき、各市町村で対応されているものと考えられています[11]。

⑵　**埋葬又は火葬執行前に紛失した場合**

　　埋葬又は火葬執行前に埋葬又は火葬許可証を紛失した場合、市町村長は、申請者から埋葬又は火葬許可証を紛失した事実を確認できる資料の

---

10)　生活衛生法規研究会監修『新版　逐条解説　墓地、埋葬等に関する法律〔第2版〕』20頁（第一法規、2012）

11)　本章脚注10)39・40頁

提出を受け、事実確認の上で埋葬又は火葬許可証を再発行します（昭和30年8月11日衛環第56号環境衛生課長回答）。

(3) 火葬執行後に紛失した場合

火葬場の管理者は、火葬を求めた者の住所氏名等を記載した火葬簿を備える必要があります（墓埋法15条1項）。そのため、火葬執行後に火葬許可証を紛失した場合、市町村長は、火葬場の管理者から火葬を行ったことの火葬証明書の提出を受け、さらには火葬許可証を発行した事実を確認した上で火葬許可証を再発行することになるとされています（昭和30年8月11日衛環第56号環境衛生課長回答）。

(4) 氏名不詳者の人骨が道路工事現場から発見された場合、氏名不詳者の焼骨がアパートから発見された場合

まず、前者については、相当長年月を経過した人骨であり、これに関する資料が現存していないと考えられるため、このような場合、市町村長は、発見者である工事業者の担当者から発見に至った事情を詳しく聴取し、その上で火葬許可証に代わる証明書を発行し、火葬場の管理者は、これをもって火葬を行うことが適当と考えられています（昭和32年10月10日衛環発第53号環境衛生部長回答）。

ついで、後者については、当該焼骨の氏名、死亡地、死亡年月日等が不明であるために、正規の手続を取り得ない場合は、市町村長は、特殊な事情があるための特例として、当該焼骨発見の事情、引取りに至る経過等を証する書面をもって、火葬許可証に変えて、墓地又は納骨堂に埋蔵させることになると考えられています（昭和30年9月15日衛環第36号環境衛生部長回答）。

(5) 外国で火葬された焼骨の埋蔵又は収蔵

外国で火葬された場合にも、火葬許可証がない場合があります。このような焼骨を本邦にある墳墓に埋蔵、納骨堂に収蔵する場合、特殊の事情による特例として改葬の手続により取扱うこととされています（昭和30年8月11日衛環第56号環境衛生課長回答、昭和30年11月15日衛環第84号環境衛生課長回答。ただし、前者の行政実例は、戦時中外地で出産後まもなく死亡し入籍をしていない者の焼骨の埋蔵に関するものであり、後者の

行政実例は、満州からの引揚者に関するものです。)。

3 引取者のない遺体が医学の教育又は研究のために交付された場合

市町村長は、引取者のない遺体について、医学に関する大学の長から医学教育又は研究のために交付の要求があった場合、同遺体を当該大学に交付することができます（死体解剖保存法12条）。

この遺体につき、市町村長は、学校長に対して、死体交付証明書を交付しなければなりませんが（同法13条1項）、かかる証明書は、墓埋法5条1項の規定による許可があったものとみなされ、死体交付証明書は、同法8条の規定による埋葬許可証又は火葬許可証とみなされるとされています（死体解剖保存法13条）。

4 改葬許可証の再発行

改葬許可証を紛失した場合、市町村長は紛失者から紛失した事実及び紛失に至る経緯等を記した申述書の提出を求め、改葬許可証の交付の事実を確認の上、改葬許可証の再交付を行うことになると考えられます（再交付に当たっては、遺体を埋葬若しくは焼骨を埋蔵していた墓地又は焼骨を収蔵していた納骨堂から事情を聴取し、埋葬・埋蔵・収蔵の証明書の交付を求めることもあるようです。）。

なお、改葬許可証を交付する市町村長は、墓埋法5条2項によれば、死体又は焼骨の現に存する市町村長が行うことになっています。そのため、焼骨が改葬許可証紛失者の自宅にあり、その自宅が改葬許可証を交付した市町村長と異なる場合、墓埋法に従う限り、当該自宅のある市町村長から改葬許可証の再交付を受けることになります。これに関しては、確たる判断は示されておらず、このような問題が生じた場合は、両市町村長と個別協議の上で対応することになると考えられます。

42　第1章　埋葬等をめぐる法律問題

12　棺の中に収めることのできる副葬品

Q　故人が生前愛用していたもの、例えば宝飾品やゴルフクラブを棺に収め、火葬することはできますか。

A　墓埋法上、棺に収めることのできる副葬品についての規定はありません。

　もっとも、棺に収める副葬品によっては、火葬炉の燃焼効率を低下させたり、火葬炉を傷めることになるものもあるため、火葬場では棺に収めることのできる副葬品に制限を設けているところがあります。どのような副葬品を棺に収めることができるかは、火葬場の使用規定に従い判断されることになります。

解　説

1　副葬品の火葬

　遺族が故人を火葬に付す際、故人を偲び、故人が愛用していたものを棺に収め、故人とともに火葬することを希望される場合があります。例えば、ゴルフが趣味だった故人につき、ゴルフクラブを棺に収めることを希望したり、故人が法律家の場合に、愛用していた六法を収めることを希望するような場合です。

　この点、墓埋法には棺に収めることのできる副葬品について特段の制限はありません。

　しかしながら、副葬品の中には火葬することにより火葬炉を傷めることになるものや、火葬することで公害発生の原因になるものもあります。また、副葬品を棺に収めることで、遺体の火葬に支障が生じたり、遺体が損傷する場合もあります。

　そのため、多くの火葬場では、副葬品の火葬について制限を設けています。副葬品を棺に収めることを希望する場合、これら制限に従い、収めることになります。

2 制限の例

　東京都の火葬場の中には、以下のような副葬品の火葬が制限されているところもあります。

【火葬設備故障の原因となるもの】

- ・爆発の危険がある物（缶飲料、スプレー缶、電池、ライター等）
- ・金属・ガラス製品（ガラス瓶、携帯電話、仏像等）
- ・その他（メガネ、釣竿、ゴルフクラブ、保冷剤等）

【公害発生の原因となるもの】

- ・ビニール製品（バック、靴、玩具等）
- ・化学合成繊維製品（衣類、寝具、敷物等）
- ・発泡スチロール製品（枕、緩衝材、パッキング等）
- ・その他（CD、ゴルフボール、薬品等）

【不完全燃焼の原因となるもの】

- ・果物（スイカ、メロンなどの大きな果実類）
- ・書籍（辞書、アルバムなど厚みのある書籍類）
- ・大型繊維製品（大量の衣類、大きなぬいぐるみ等）

【焼失に伴うトラブルの原因となるもの】

- ・硬貨
- ・貴金属類
- ・記念メダル等

【その他】

- ・ペースメーカー等体内装置医療品は、炉内で爆発しご遺体を損傷する場合がありますので、必ず事前にお申し出ください。

---

44 第1章 埋葬等をめぐる法律問題

13 冠婚葬祭と互助会

Q 近所の知人から冠婚葬祭の互助会への勧誘を受けています。話を聞く限り、確かにお得そうなのですが、加入してしまってよいでしょうか。

A 互助会では、将来発生する冠婚葬祭のために、会員が毎月一定の金額を積み立てて備えており、経済産業省の許可を受けて営業をしています。

一方では、実際には積立額だけでは葬儀費用を賄えないケースが多い、途中で解約すると解約手数料が必要となるという問題があるほか、互助会自体が破綻するリスクもありますので、加入前に十分な情報収集が必要です。

解説

1 冠婚葬祭互助会とは

冠婚葬祭互助会とは、一定の月掛金を一定期間払い込むことにより、通常よりも安い価格で葬儀や結婚式等を提供する事業です。割賦販売法における「前払い式特定取引業」に当たり、経済産業大臣の許可事業です。毎月1000円～5000円程度の掛金を、60回～100回程度払い込むことが多いようです。

互助会業界の規模は大きく、日本全国に約300の互助会、約2400万口の契約があり、互助会が預かる掛金の合計は2兆3000億円以上にもなります。

2 葬儀施行時の問題

互助会の制度趣旨からすると、一定の掛金を積み立てることによって、将来の葬儀費用等を全て賄えるように思われますが、実際にはいざ葬儀等を施行する際になって、掛金だけでは足りないとして、多額の追加料金を

請求されて、トラブルとなるケースが少なくありません。

　このため、互助会に入会する際には、実際に葬儀等になった場合に、掛金だけでどこまで賄えるのか、きちんと確認を行うべきです。もし、要領を得ない説明しか受けられないようであれば、加入を見送ることも検討すべきでしょう。

3　解約手数料の問題

　互助会については、なかなか解約に応じてくれない、高額な解約手数料を取られるという苦情が少なくありません。

　なお、適格消費者団体及び消費者が、互助会の解約金条項の無効を主張して、解約金を差し引くことを内容とする意思表示等の差止めなどを求めるとともに、差し引かれた解約手数料相当額の返還等を求めた訴訟において、「平均的な損害」を超える損害賠償額を予定する条項の無効を定める消費者契約法9条1号の適用を認めて、適法な解約手数料の範囲を大幅に限定して、適格消費団体の請求及び消費者らの請求を一部認める判決が出ています（大阪高判平成25年1月25日判時2187号30頁）。

4　破綻リスクの問題

　少子高齢化、非婚化、さらには消費者の意識の変化によって、葬儀等の規模は縮小傾向にあり、葬儀等の単価は減少傾向にあります。加えて、上記の解約手数料の問題によって解約手数料は低額化させざるを得ず、解約が加速する可能性があります。

　既に債務超過に陥っている互助会も少なくなく、今後破綻するおそれのある互助会がないとはいえません。

　互助会については、割賦販売法により前受金の50％は法務局等に保全されているほか、一般社団法人全日本冠婚葬祭互助協会という組織があり、同協会に加入する互助会が破綻しても、当該互助会の加入者を別の互助会が引き受けて、サービスを受けられるようにする消費者保護の体制を作っています。しかしながら、破綻する互助会が大量に発生した場合に、どこまで消費者保護が図られるかは未知数です。

46　第1章　埋葬等をめぐる法律問題

　このため、加入を検討している互助会について、その財務状況を事前に確認することが望ましいといえます。

第2章

お墓と法律

48　第2章　お墓と法律

1　墓石の形状

Q　最近、いろいろな形状のお墓があると聞きますが、お墓の形状は自由に決められるのでしょうか。

A　一般に「お墓」という場合には、「死体を埋葬し、又は焼骨を埋蔵する施設」である「墳墓」（墓埋法2条4項）と、「墳墓を設けるために、墓地として都道府県知事（市又は特別区にあっては市長又は区長）の許可を受けた区域」である「墓地」（同法2条5項）の二つの意味が含まれていると考えられます。「墳墓」は、原則として、当該墳墓の敷地である墓地の購入者が設置し、その形状は当該墓地の使用規則の範囲内で墓地の購入者が自由に決めることができます。また、「墓地」は、地方公共団体、宗教法人、公益法人のいずれかによって経営されていることが一般的です。

解　説

1　墓石の形状

　「墳墓」とは、「死体を埋葬し、又は焼骨を埋蔵する施設」を言います（墓埋法2条4項）。墳墓は、多くの場合、墓石、カロート（納骨室）及び外柵によって構成されています。その中でも、墓石が外部から「お墓」として認識される部分といえるでしょう。

　墓石は、大きく「和型墓石」「洋型墓石」「デザイン墓石」に分類することができます。「和型墓石」は、仏舎利塔や五輪塔を簡略化したものといわれており、形状は角型で棹石、上台、中台、芝台と積み上げられているものが多いです。これに対し、「洋型墓石」は、墓の高さよりも横幅が広いもので、台も和型墓石のようにいくつも積み重ねるのではなく、1段または2段のものが多いようです。また、最近では、故人の想いや趣味等を表現するものとして、球体や本型等個性的な形をした「デザイン墓石」と

いう墓石もあります。

　どのような墓石を選択するかは、本来、墓地の購入者が自由に決めることができますが、当該墓地の使用規則には従わなければなりません。この点について、最高裁は、寺院墓地を経営する寺院は、当該寺院の属する宗派の方式と異なる宗教的方式による墓石の設置を拒むことができる旨判示しています（最判平成14年1月22日裁判集民205号175頁）。墓地によっては、外柵の設置の義務付け、墓石の高さ等の大きさ制限、墓石に彫刻する文字の制限等を設けている場合がありますので、墓石を設置する際には、事前に使用規則をよく読み、必要があれば墓地の運営管理者にも確認することが必要となります。また、事前に施工届出書の提出が求められる墓地もあります。

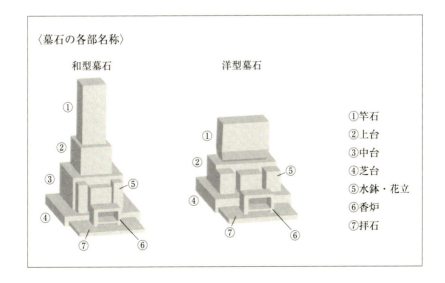

2 墓地・納骨堂の経営主体

お墓は誰が経営しているのでしょうか。

墓地・納骨堂の経営主体は、地方公共団体又は宗教法人・公益法人であることが一般的です。

解説

　墓地・納骨堂の経営主体は、墓地・納骨堂の永続性、公益性及び非営利性を確保する目的から市町村等の地方公共団体が原則とされており、それ以外の場合であっても、経営主体となり得るのは、原則として宗教法人、公益法人（公益財団法人、公益社団法人）に限定されます（墓地の経営・管理に関する指針として「墓地経営・管理の指針等について」（平成12年12月6日生衛発第1764号厚生省生活衛生局長通知）参照）。したがって、墓地・納骨堂の経営主体は、地方公共団体又は宗教法人・公益法人であることが一般的です。このうち、宗教法人が経営する墓地・納骨堂については、当該宗教法人の檀家にならなければならない墓地・納骨堂と、檀家にならなくてもよい墓地・納骨堂に分けられます。

　また、上記以外にも、墓埋法が制定される前に設置された、村落の住民が共同で管理運営する墓地（「村落墓地」）、個人が自己所有地内に設ける墓地（「個人墓地」）といったものがあります。これらの墓地は現存していますが、新設することは原則として認められていません。

3 お墓を買うとは

Q 「お墓を買う」といいますが、法律的にはどのようなことを意味するのでしょうか。

A 「お墓を買う」ということは、一般的には、①当該墳墓の敷地である墓地を使用することができるという「墓地の使用権」を取得すること、又はそれに加えて②「墓石の所有権」を購入することを意味します（納骨堂については本章 Q6 参照）。

解説

現代では、夫婦墓、個人墓といった永代供養墓も増え、お墓の在り方は多様化していますが、ここでは、子孫に承継していくことを前提として墓石等を設置する従来からのお墓について説明いたします。

1 墓地使用権

「墓地使用権」は法律の明文で定められているものではなく、したがって、法律上明確な定義は存しません。しかしながら、墓地が有するその特殊性から、墓地使用権の性質は次のように考えられます。すなわち、墓地の使用権は、墳墓を所有するために必要な権利であるところ、墳墓は墓埋法に基づいて都道府県知事等の許可を得た墓地内においてのみ設置できるものであることから容易に移動することはできず（固定性）、また、墳墓の所有権は相続人が断絶して無縁とならない限り、原則として永久的に承継され（永久性）、かつ、墳墓は死者に対する宗教的礼拝の対象となるべき特殊の財産であることから、墳墓を安置する土地の使用権である墓地使用権には固定性と永久性が生ずるものと解されます（津地判昭和 38 年 6 月 21 日下民 14 巻 6 号 1183 頁、福岡高判昭和 59 年 6 月 18 日判タ 535 号 218 頁、仙台高判平成 7 年 11 月 27 日判タ 905 号 183 頁等。裁判例の詳細は、巻末資料を参照）。

このような墓地使用権の法的性質をどのように解するかについては、①慣習法上の物権、②特殊な債権、③永代借地権などと判例上もその見解は分かれており、また、墓地の管理運営主体等によって法的性質が異なるとする考え方もありますが（田山輝明「墓地使用権の法的性質」ジュリ975号14頁）、いずれにしても、「墓地使用権」は固定性及び永久性という特殊性を有する権利であるといえます。

2　墓地使用に関する権利義務

　墓地の使用に関する権利義務は、当該墓地の管理運営主体と購入者との契約内容によって定まることになります。具体的には、当該墓地の管理運営主体が地方公共団体である公営墓地の場合には、条例、規則等に定められた使用条件に従って当該墓地を使用することになります。他方、宗教法人・公益法人が経営する宗教・宗派不問の墓地である民営墓地の場合には、契約書や使用規則、約款等に基づいて当該墓地を使用することになります。また、寺院の境内等にある檀徒にならなくてはならない墓地の場合には、墓地を使用するには檀徒になる必要があります。檀徒とは、その寺院の教義を信奉し、寺院墓地に墳墓を設置して自己の主宰する祭等をその寺院に一時的ではなく委託し、かつその寺院の経費を分担する者のことをいいます（津地判昭和38年6月21日下民14巻6号1183頁）。したがって、当該寺院の檀徒となって当該寺院の境内等に墳墓を設置した場合には、当該寺院が定める墓地の使用規則等に従うだけではなく、当該寺院の檀徒として宗教活動に参加し、当該寺院を支えていく義務も負うことになります。

4　永代供養墓・期限付きの墓地使用権

Q　永代供養墓や期限付きの墓地使用権について、教えてください。

A　永代供養墓も期限付きの墓地使用権も、代々承継されていくことを予定しないタイプの墓であり、近年増えています。祭祀承継者がいない場合にも購入でき、一般的に経済的負担が軽いなど利点がありますが、明確な定義のある概念ではなく、契約の際には十分に説明を受けた上で購入することが必要です。

解　説

1　墓地使用権の永続性

　自己所有の土地に墳墓を建立する場合を除き、通例、他人所有の土地に墳墓を建立して所有することになります。この場合の墓地使用権は、霊園との契約によって成立する権利であり、その法的性質は、①無名契約に基づく永代借地権、②慣習法上の物権（福岡高判昭和 59 年 6 月 18 日判タ 535 号 218 頁、仙台高判平成 7 年 11 月 27 日判タ 905 号 183 頁他）、③使用借権などと解されています（裁判例の詳細は、巻末資料を参照）。

　このように法的性質の解釈には争いがありますが、いずれも墓地使用権の永続性を前提としており、祭祀としての墳墓を承継する者、すなわち、祭祀承継者が存在する限り、契約期間の定めの有無に限らず、半永久的に、永続的に墓地を使用することができるため、墓地使用権は「永代使用権」と呼ばれることもあります。

2　永代供養墓

　これに対し、近年、核家族化や家族観の変化などを背景として、祭祀承継を前提としない「永代供養墓」と呼ばれる墓が増えています。呼称こそ「永代使用権」に似ていますが、永代供養墓は、祭祀承継者がいない場合

などに、墓地の管理者が祭祀承継者に代わって供養を行うというものです。その態様は様々であり、初めから合祀するものから、一定期間は個別に納骨して一定期間経過後に合祀墓に移すものなどがあります。

　永代使用権の場合には、祭祀承継者が存在して、いわゆる先祖代々のお墓として承継がなされることや法要等が執り行われることが前提とされるため、祭祀承継者がいない場合には寺院から永代使用権の購入を拒絶される場合や約款により購入ができない場合がありますが、永代供養墓の場合には、祭祀承継者が存在しない場合であっても購入することができます。

3　期限付の墓地使用権

　また、永代供養墓に類似したものとして、期限付の墓地使用権という形態もみられるようになりました。こちらも祭祀承継者を前提としないタイプですが、一定期間は個別に納骨し、一定期間経過後に合祀墓に移すタイプが多いようです。

　永代供養墓と態様が似ていますが、永代供養墓も期限付の墓地使用権も明確な定義のある概念ではなく、経営主体によって内容が異なりますので、契約の際には十分に説明を受けた上で購入することが必要です。

5 寺院墓地使用権取得と寺檀関係

Q 家族を埋葬するために寺院墓地の墓地使用権を取得する場合、宗派が異なる私もその寺院の檀家にならないといけないのでしょうか。また、親と宗派が異なる場合、自分も親の墓地を使用できますか。

A 寺院墓地の利用関係は、寺院と墓地使用者との間の明示又は黙示の合意として、壇信徒関係にあることが条件となっていることが一般であり、寺院墓地の墓地使用権を取得しようとする場合には、当該寺院の檀家となることを求められることが多いでしょう。

また寺院墓地の使用権を承継した方が当該寺院墓地の宗派と異なる宗派である場合、当該寺院の定める典礼の方式に従わない焼骨の埋蔵を拒否され紛争となった例もあります。寺院墓地との間の明示又は黙示の合意の内容の解釈によりますので、ご自身の宗派の定める典礼の方式によることができるか、無典礼の方式であればどうかなど、寺院墓地との間で協議を行うとよいでしょう。

解 説

1 寺院墓地

寺院が経営している墓地では、約款に檀信徒であることを使用の条件としている場合があります。この場合、既に当該寺院の檀信徒であればよいのですが、他の宗教・宗派、無宗教の場合には、一旦寺院と檀信徒契約を締結する必要があります。

裁判例では、墓地使用権は、墓石を所有するために他人の所有する土地を使用する権利であり、子孫が祖先の祭祀を承継することになるため、墓地使用権には場所的固定性及び時間的永久性が伴うとされ、歴史的に寺院墓地内に墳墓を所有する形態が多かったことから、墓地使用権は、寺院と

の檀信徒加入契約に由来するとも考えられ（津地判昭和38年6月21日下民14巻6号1183頁）、また、「寺院墓地についての永代使用権は、当該寺院所属の宗派の定めに則った典礼の執行と密接に結び付いているものであり、その墓地に埋葬されるのは、原則として、その寺院の檀信徒であることが予定されているというべきであるし、墓地管理者たる当該寺院は、その墓地への埋葬を認めるに当っては、当該宗派の定めに基づく典礼を施行する慣例になっているというべきである。」ともされています（仙台高判平成7年11月27日判タ905号183頁）。

2　寺檀関係が問題となる事例

　墓地使用権取得に当たり檀信徒加入契約の締結を求められる寺院墓地について、寺檀関係が問題となるのは、ア墓地使用権取得時に霊園経営者と宗教・宗派が異なる場合、イ墓地使用権取得後、墓地使用者が檀信徒加入契約を締結した寺院とは別の宗教・宗派に改宗した場合、ウ墓地使用権取得後、墓地使用者とは別の宗教・宗派の寺院が霊園経営者になった場合、エ先祖代々の寺院墓地を承継した者が、当該寺院と異なる宗教・宗派であった場合、などが考えられます。

　ア　墓地使用権取得時に霊園経営者である宗教・宗派が異なる場合

　　墓地使用権取得時に霊園経営者である寺院とは別の宗教・宗派の場合、約款などに基づいて墓地の使用が許可されず、墓地を購入することはできないのが通常です（前掲津地判昭和38年6月21日同旨）。

　イ　墓地使用権取得後、墓地使用者が壇信徒加入契約を締結した寺院と別の宗教・宗派に改宗した場合

　　①　寺院墓地において、檀家として墓地使用権を取得し先祖代々の墳墓を所有して来た者が、改宗離檀後、無典礼の方式による焼骨の埋蔵依頼を行ったところ、墓地がこれを拒絶したという事案において、墓地使用権は寺院との檀信徒加入契約に由来するとしつつも、墓地の固定性、永久性から、当該墳墓の祭祀を司る者が改宗離檀したからといって墓地使用権が当然に消滅するということはできず、墓地は原則として墓地への埋蔵依頼を拒むことはできないが、無典

礼の方式による埋蔵依頼は寺院が行う典礼の禁止を求めるものであるから、寺院は自派の定める典礼の施行権が害されることを理由にしてその埋蔵依頼を拒むことができ、このような理由による拒絶は墓埋法 13 条の「正当な理由」に当たる、どうしても寺院の典礼を受忍することができない場合、改葬するより外はないとした裁判例があります（津地判昭和 38 年 6 月 21 日下民 14 巻 6 号 1183 頁）。

② 寺院墓地が、離檀した墓地使用者に対して、他宗派の典礼で葬儀を行ったことを理由に墳墓の収去と墓地明渡を求めるとともに、仮にそれが認められない場合には、自己の宗派の典礼を受けないで墓地に焼骨壺を埋蔵したことが墓地管理権の侵害に当たるとして焼骨壺の収去を求めた事案において、寺院墓地は、従来から先祖の墳墓を有する者が改宗離檀し、自派の定めによる典礼を受けないで埋葬したからといって、直ちにそのことのみを理由として永代使用権の消滅を主張し、その墳墓の収去を求めることはできず、そのような請求をなし得るのは、その改宗離檀等が、真に信仰上の立場の変化に基づくものであり、檀信徒の側の当該寺院との関係を断ち切ろうとする意思が明確になることが必要であるが、本件はそのような場合ではないとし、また、離檀した者が当該宗派の定めに基づく典礼の施行を受けずに墓地への焼骨の埋蔵を求めてきた場合、それが寺院の宗教的感情と慣行を損ない、かつ、檀信徒の側で寺院との関係を断ち切ろうとする意思が明確であれば、原則としてその焼骨壺の埋蔵を拒絶し得るが、既に埋蔵された焼骨の収去を求めることは、正当な墓地管理権の行使の範囲外であるし、仮に墓地管理権に基づいて右収去を求めることができる場合があるとしても、本件の経緯に照らせば、権利の濫用であるとしてこれを排斥した裁判例があります（前掲仙台高判平成 7 年 11 月 27 日）。

③ これに対して、改宗した檀信徒の側が寺院に対して寺院の宗派とは異なる宗教的方式による墓石の設置を求めた事案で、判例は「寺院が檀信徒のために経営するいわゆる寺院墓地においては、寺院は、その宗派に応じた典礼の方式を決定し、決定された典礼を施行

する自由を有する。したがって、寺院は、墓地使用権を設定する契約に際し、使用権者が当該寺院の宗派の典礼の方式に従って墓石を設置する旨の合意をすることができるものと解され、その合意がされた場合には、たとい、使用権者がその後当該宗派を離脱したとしても、寺院は、当該使用権者からする当該宗派の典礼の方式とは異なる宗教的方式による墓石の設置の求めを、上記合意に反するものとして拒むことができるものと解するのが相当である。」としました（最判平成14年1月22日裁判集民205号175頁、判タ1084号139頁）。

ウ　墓地使用権取得後、墓地使用者と別の宗教・宗派の寺院が霊園経営者になった場合

宗派を問わない共同墓地であった墓地が寺院墓地になったため、管理者である寺院が他宗派の方式による典礼の施行を拒絶した事案で、判例は、当該寺院は墓地使用権設定契約上の地位を承継したとして、墓地使用者は、自己の属する宗派の方式によって典礼を行うことを妨げられないとしました（最判平成8年10月29日裁判集民180号565頁、判タ926号159頁）。

エ　先祖代々の寺院墓地を承継した者が、当該寺院と異なる宗教・宗派であった場合

墓地使用権を承継した者がその寺院と異なる宗派となった場合に、寺院墓地を所有・管理する宗教法人に対し、無典礼の方式による遺骨の埋蔵を求めた事案において、本件墓地は寺院墓地であり、祖先が墓地との間で本件墓地使用権の設定を合意するに当たって、墓地の定める典礼の方式に従い墓地を使用するとの黙示の合意が成立したものと認めるのが相当であるが、本件墓地使用権を承継した者が異なる宗派となった場合にまで上記の黙示の合意の拘束力が及ぶことを定めた墓地使用規則はなく、また、その場合にも墓地の典礼の方式に従うとの慣行があったことを認めることもできないことからすれば、上記黙示の合意の解釈として、墓地使用権を承継した者が異なる宗派となった場合に、その者に対し墓地の典礼の方式に従うことを求める効力があ

るとするのは困難であり、墓地使用者が異なる宗派の典礼の方式を行うことを墓地が拒絶できるにすぎないと解するのが相当であるから、異なる宗派であること自体が直ちに遺骨の埋蔵を拒絶する正当の理由となるものではないことはもちろん、墓地使用者が、墓地の典礼の方式に従わず、又は墓地の典礼の方式に従うが墓地管理料以外の典礼に伴う布施等の金員の出捐を拒否することが、上記黙示の合意に違反するものではなく、墓地使用権の行使として無典礼の方式による遺骨の埋蔵を求めることも、上記黙示の合意に抵触するものではない、とした裁判例があります（宇都宮地判平成 24 年 2 月 15 日判タ 1369 号 208 頁）。

　寺院墓地との間の墓地使用権に関する明示又は黙示の合意の内容の解釈によりますので、上記裁判例の結論が、全ての寺院墓地にあてはまるものでもありません。

　ご自身の宗派の定める典礼の方式によることができるか、無典礼の方式であればどうかなど、寺院墓地に確認を求め、必要に応じて寺院墓地との間で協議を行うことが大切でしょう。

6 納骨堂とは

　納骨堂とは何ですか。お墓との違いを教えてください。

　納骨堂とは、一定のスペースを区切って利用者に提供し、焼骨を埋めずに収蔵する施設です。ロッカー式、棚式、仏壇式、墓石式、機械式などのタイプがあります。一般に墳墓よりも安価であり、都市部に多いというメリットもある一方、墳墓と異なる制約もあります。

解説

1　法律上の定義

　「納骨堂」については、墓埋法において、「他人の委託をうけて焼骨を収蔵するために、納骨堂として都道府県知事の許可を受けた施設をいう。」と定められています（2条6項）。

　他方、「墳墓」（お墓）については、「死体を埋葬し、又は焼骨を埋蔵する施設をいう。」と定められています（同条4項）。

　これらの墓埋法における定義からは、死体が対象になるかという点を除くと、納骨堂と墳墓の違いは、焼骨を「収蔵」するか「埋蔵」するか、つまり埋めるかどうかの違いであることが分かります。

2　納骨堂の種類

　納骨堂は、一定のスペースを区切って利用者に提供し、焼骨を保管する施設です。室内施設であるのが一般です。

　納骨堂には保管方法によっていろいろなタイプがあり、ロッカー式（個別のスペースがコインロッカーのようなスペースの一区画であるもの）、棚式（棚に骨壺を並べるもの）、仏壇式（個別のスペースが仏壇であるもの）、墓石

式（個別のスペースが墓石であるもの）、機械式（一定の操作をすると、機械の動作によって、焼骨の入った箱が礼拝場所に移動してくるもの）などがあります。

　以前はロッカー式や棚式が中心でしたが、次第に仏壇式や墓石式のような凝ったタイプが増えてきて、現在では機械式も見られるようになりました。

　経営主体についてですが、寺院、民営、公営それぞれの納骨堂があるのは、墳墓（お墓）と同様です。

3　納骨堂の特徴

　納骨堂の一番の特徴は、墳墓（お墓）に比べて一般的に安価であることが挙げられます。墓石の購入費用や工事費が掛からないことと、納骨堂は同じ広さの土地でも多数の焼骨を受け入れられるため、使用料が一般に安くなるためです。また、都市部にあることが多く、参拝も容易です。

　他方、納骨堂によっては、水をかけたり、線香を焚けないなど、参拝方法に制約があります。また、室内にあることが一般であるため、長期的に見ると建物の老朽化等の問題もあります。

62 第2章 お墓と法律

7 墓地使用権の内容・法的性質

Q 墓地使用権とはどのような権利でしょうか。また、墓地使用権はどのような事案で問題となるのでしょうか。

A 法律上、墓地使用権の意義を明示的に定めた規定はありません。墓地使用権の本質としては、①特定区画の中に墳墓を設置し、遺骨・遺品等を埋葬・埋蔵することができかつ、当該特定区画に至るまでの通路を通行することができる権利であること、②墓地は永続的に承継されていくべきであり（永久性）、また墳墓は容易には移動し得ない（固定性）ため、墓地使用権にも永久性及び固定性が認められることが挙げられます。

墓地の類型をはじめ、墓地の使用に関する事情は事案によって様々なため、墓地使用権の具体的な内容は、当該墓地の類型を中心に当該墓地使用に関する契約・規則の有無・内容、条例、慣習社会通念及びその他の個別事情に応じて決まります。過去の裁判例においても、墓地使用権の永久性・固定性に配慮しながら、個別事案に応じた認定・判断がなされています。なお、過去の裁判例については巻末資料（墓地使用権に関する判例一覧）をご参照ください。

解 説

1 墓地使用権の本質

現行の墓埋法その他法律において「墓地使用権」を明示的・具体的に定義付ける規定はありません。また、墓地使用権に言及している裁判例はいくつか存在しますが、各判例においても様々な権利構成がなされています。したがって、墓地使用権の性質・内容は、法律上確定されているとはいえません。

もっとも、過去の裁判例や研究を踏まえると、墓地使用権の本質は、特定の墓地区画に墳墓を設置し遺骨を埋葬・埋蔵することができ、当該墓地区画に至るまでの通路を通行することができる権利と整理できるものと考えられます。

　また、墓地は子々孫々永続的に承継されていくべきであり（永久性）、墳墓は官庁の許可を受けた墓地内においてのみ設置され、容易には移動し得ない（固定性）ため、墓地使用権にも永久性及び固定性が認められています。なお、過去の裁判例はこの永久性・固定性に鑑みて墳墓を維持する結論を導く傾向にあるといえ、墓地使用権を慣習法上の物権あるいは物権類似の権利と構成した裁判例としては、仙台高等裁判所平成 7 年 11 月 27 日判決（判タ 905 号 183 頁）、東京地方裁判所平成 2 年 7 月 18 日判決（判タ 756 号 217 頁）、福岡高等裁判所昭和 59 年 6 月 18 日判決（判タ 535 号 218 頁）などがあります。また、民法上の権利に権利構成を引きつけた上で永久性・固定性を考慮した裁判例として、東京高等裁判所昭和 46 年 9 月 21 日判決（判タ 270 号 245 頁）（50 年の存続期間である地上権とした。）、仙台高等裁判所昭和 39 年 11 月 16 日判決（下民 15 巻 11 号 2725 頁）（借主死亡による使用貸借の自動終了を定める民法 599 条の適用が排除された解除条件付使用貸借権とした。）などがあります。

2　墓地使用権の分類・整理

(1)　分類・整理の必要性

　墓地使用権の本質は上記のとおりですが、墓地類型をはじめ、墓地の使用に関する事情は事案によって様々なため、墓地使用権の具体的な内容は、墓地類型を中心に、当該墓地使用に関する契約・規則の有無・内容、条例、慣習、社会通念その他個別事情に応じて決まるといえます。概要は(2)以下のとおりです。なお、過去の裁判例については巻末資料（墓地使用権に関する判例一覧）をご参照ください。

(2)　墓地区画の所有者と墳墓の所有者が同じ場合

　まず、墓地区画の所有者と墳墓の所有者が同じ場合（個人型墓地）には、土地所有権の一内容として墓地使用権を捉えれば良く、かつそれで

64　第2章　お墓と法律

足りるといえます。そのため、所有権登記を具備することで、墓地区画内を全面的・排他的に使用することができるといえます。もっとも、現代において、この形態の墓地はあまり多くないものと思われます。

(3)　**墓地区画の所有者と墳墓の所有者が異なる場合**

墓地区画の所有者と墳墓の所有者が異なる場合には、上記(2)の場合とは異なり、墓地や墳墓の形態に応じて、墓埋法、契約、規則、条例、慣習、社会通念を踏まえ、墓地使用権の具体的内容を考える必要があります。

そして、この点については、ア寺院営墓地使用権（寺院境内型墓地使用権）、イ集落営墓地使用権（村落型共同墓地使用権）、ウ公営墓地使用権、エ霊園墓地使用権といった分類に基づく検討がなされています[1]。各分類の墓地使用権の特徴は、以下のとおりです。

ア　寺院営墓地使用権

寺院が墓地を所有し、寺院と檀信徒契約を締結した者に対して、墓地使用権を認める場合の類型です。原則として自宗派の檀信徒にのみ使用権を認める類型のため他の類型と比べて宗教的な側面が強く、また古くから存在する墓地のため慣習の影響も受け易い類型といえます。なお、最近は、檀信徒契約及び慣習以外にも、約款や墓地管理規則などの名称の付随的な規則によってもその権利の内容が具体化される場合も多いといわれています。

イ　集落営墓地使用権

旧行政村やその内部の同族集団が墓地を経営する場合の類型です。アの寺院型墓地の成立以前の大半の墓地は、この類型の墓地使用権だったと思われます。また、この類型は、その中でも法的所有形態が分かれており、①村落有（字、組、坪等）、②住民の個人有又は共有、③住民以外の者の個人有又は共有、④国有又は地方公共団体有があるといわれており、一般的には各集落において、墓地内に各区画を定め、それを各住民

---

1)　田山輝明「墓地使用権の法的性質」ジュリスト975号14頁、茨城県弁護士会編『墓地の法律と実務』16頁（ぎょうせい、1997）、竹内康博『墓地法の研究』59頁（成文堂、2012）等参照。

が墳墓所有のために永久的かつ排他的に支配している状況にあります。これらの状況を踏まえ、法的には、個々人の墓地使用権は、入会権又は入会権類似の権利（総有的権利）と考えられているようです。

ウ　公営墓地使用権

　地方公共団体により墓地が経営されている場合の類型です。この類型の使用権は、条例及び条例施行規則の定める手続に従い、「公の施設」（営造物。地方自治法244条）の使用の申込みに対し、使用許可がされることによって発生します。その基本的権利義務の内容は、「条例及び条例施行規則」によって定められているといえます。

エ　霊園墓地使用権

　宗教法人、公益法人、株式会社等により大規模な公園墓地の経営がなされている場合の類型です。この場合の墓地使用権は、霊園と墓地使用者との間の「契約」によって発生し、その内容が決められています。なお、霊園墓地は設立当初より墓地使用規程等が作成され、経営されていることから、アやイの類型の墓地使用権と比べて、慣習の影響を受けにくいものと考えられています。

3　墓地使用権と登記

　現行の不動産登記法は、墓地区画の所有者と墳墓の所有者が異なる場合の墓地使用権を登記対象として想定していない制度であるため、かかる場合の墓地使用権を現実には登記する手段はなく、第三者との対抗関係が問題になり得ますが、実際には墓地使用を開始する前には通常は実地検分をするでしょうから、墓地使用契約の二重契約という形で対抗問題が発生する可能性は低いと考えらえます。なお、抵当権と墓地使用権の優劣関係については本章Q10をご参照ください。

8 墓地使用権の二重設定

 同一の場所に墓地使用権が二重に設定された場合、どのように優劣が決まるのでしょうか。

お墓の権利関係については、一般的には、墓地区画となる土地の所有者と墓石の所有者が異なるため、墓地区画（土地）の使用権の設定であると考えられます。使用権は、あくまで貸主に対して主張することができるにすぎず、既に墓石を置いているとか、何らかの形で自己が使用権を有することを表示しているとかいった事情があっても、墓地使用権の設定を受けたとする第三者に対して自己が優先する旨を主張することはできないのが原則です。

解　説

1　墓地使用権の法的性質

　一般に墓地使用権の法的性質は、①無名契約に基づく永代借地権、②慣習法上の物権（福岡高判昭和59年6月18日判タ535号218頁、仙台高判平成7年11月27日判タ905号183頁他）、③使用借権などと解されています（裁判例の詳細は、巻末資料を参照。）。

2　墓地使用権の二重設定と対抗問題

　墓地使用権が霊園・寺院などの墓地管理者によって二重に設定された場合、購入者のいずれが優先するかが問題となります。

　この点、墓地使用権の法的性質について慣習法上の物権としての性格を有すると考えても、権利者を公示する方法がない現状では、単なる不法占拠者に対して妨害排除請求権として行使する場合は別として、同様に権利を有すると主張する第三者との間でその優劣を決する明確な基準がなく購入者に墓所を利用させるべき債務を負う債務者である墓地管理者に対して

のみ権利を主張できることになるのが原則です。もっとも、現実には、墓地使用権の場所的固定性、時間的永久性から導き出される排他性から、二重に設定された購入者のうち、いずれかが先に墓石を建立して墓所を占有することになると考えられ、外形上認識し得る程度に占有を先に始めた者が事実上優先するとする見解もあります[2]。

---

2) 藤井正雄・長谷川正浩共編『Q&A 墓地・納骨堂をめぐる法律実務〔補訂版〕』58頁以下（新日本法規、2005）、茨城県弁護士会編『墓地の法律と実務』141頁（ぎょうせい、1997）

68 第2章 お墓と法律

9 自宅でのお墓（墳墓）の建立

Q 自宅土地の一部を墓地として、遺骨を納めるお墓（墳墓）を個人的に建てることは、法律上許されますか。

A 法律上、墓埋法に基づく都道府県知事の許可を受けることができれば、個人が自宅土地の一部を墓地として、そこにお墓（墳墓）を建てることも可能です。もっとも、都道府県知事の許可を受けることは、現実的には極めて難しいと考えられます。

解 説

1 個人墓地と墓埋法の関係

墓埋法は、国民の宗教的感情、公衆衛生その他公共の福祉の観点から、墓地の開設等について以下のような制限を設けています。

まず、墓埋法4条1項は「埋葬又は焼骨の埋蔵は、墓地以外の区域に、これを行ってはならない。」と定めています。そのため、遺骨を納めるお墓（墳墓）を建てるためには、その敷地が「墓地」である必要があります。そして、墓埋法2条5項は、「墓地」を「墳墓を設けるために、墓地として都道府県知事（市又は特別区にあっては、市長又は区長。以下同じ。）の許可を受けた区域」と定義付けた上で、同法10条において、「墓地」を経営しようとする者は、都道府県知事の許可を受ける必要がある旨を定めています。

したがって、本質問のように自宅土地の一部を墓地として個人的にお墓（墳墓）を建てようとする場合でも、墓埋法10条の都道府県知事の許可が事前に必要になると解されます。

なお、個人が自宅の土地上に「個人的」にお墓（墳墓）を建てることは、墓埋法10条の「経営」の文言に該当しないのではないか（墓埋法上の都道府県知事の許可は不要ではないか）とも考えられます。もっとも、墓

埋法上の「経営」とは、墓地を設置し、管理し、運営することを意味し、「企業経営」の意味で用いられる場合の語義よりも広義に解釈されています（昭和27年10月25日衛発第1025号公衆衛生局長回答）。

2 都道府県知事の許可の取得可能性

墓地の経営主体は、原則として地方公共団体とされ、これにより難い事情のある場合でも、財団法人などの公益法人や宗教法人とされており、個人墓地は、山間へき地等であって、近くの既存の墓地を利用できない場合等の特別な場合以外は認められていません（昭和21年9月3日発警第85号内務省警保局長・厚生省公衆衛生局長通知、昭和27年10月25日衛発第1025号公衆衛生局長回答、昭和28年10月24日衛環第62号環境衛生課長回答等）。そして、自動車が普及し、道路・交通機関が整備された現代において、近くの既存の墓地を利用できない場合等の特別の場合という例外要件を満たす場面は極めて少ないものと考えられます。

また、許可に関するガイドラインである「墓地経営・管理の指針等について」（平成12年12月6日生衛発第1764号厚生省生活衛生局長通知）や、各都道府県の条例（例えば、東京都の墓地等の構造設備及び管理の基準等に関する条例）も許可申請について適用されます。

これらを踏まえると、現在の実務上は、個人墓地に墓埋法に基づく都道府県知事の許可を受けることは、現実的には極めて難しいものと考えられます。

なお、遺骨を納める目的ではなく、写真や縁故品等を納める目的の記念碑や慰霊碑を自宅土地の一部に建てることは、都道府県知事の許可を得ずとも可能です。前述のとおり、「墓地」とは「墳墓」を設けることを目的とする地域とされており、墓埋法2条4項ではこの「墳墓」を「死体を埋葬し、又は焼骨を埋蔵する施設」と定義付けているため、上記の目的の記念碑・慰霊碑の建立については墓埋法10条の許可は必要とされません（昭和30年1月10日衛環第1号環境衛生課長回答、昭和31年11月16日衛環第113号環境衛生課長回答、昭和32年3月28日衛環第23号環境衛生課長回答参照）。

3 許可なくお墓（墳墓）を建てた場合の処罰

　都道府県知事の許可を受けることなく自宅土地の一部に遺骨を納めるお墓（墳墓）を個人的に建てた場合、その者に対して、墓埋法10条違反を理由に6か月以下の懲役又は1万円以上2万円以下の罰金が科されることとなります（墓埋法20条1号、罰金等臨時措置法2条1項、刑法15条）。また、墓埋法4条違反を理由に1万円以上2万円以下の罰金又は拘留若しくは千円以上1万円未満の科料に処される可能性も考えられます（墓埋法21条、罰金等臨時措置法2条1項、3項、刑法15条、17条）。

10 墓地に対する抵当権の設定の可否及び墓地使用権と抵当権の優劣

Q 抵当権が既に設定されている墓地について、永代使用権（墓地使用権）を取得し、墓石を設置しても大丈夫でしょうか。後日抵当権が実行された場合、墓石が撤去されてしまうのではないでしょうか。また、既に墓地使用権を有している土地に新たに抵当権が設定されてしまった場合はどうでしょうか。

A 法律上は墓地に抵当権を設定することは可能であり、墓地使用権と抵当権の優劣関係が問題になり得ます。

この点、墓地使用権は対抗要件を具備する制度がないため、第三者に対する対抗要件を具備した抵当権が実行された場合、抵当権の登記具備時点と墓地使用権の設定時点の先後関係を問わず、抵当権が優先するとも考えられます。

もっとも、墓埋法の観点及び墓地使用権の本質から、墓地使用権者は最終的には墓石を維持できる可能性もあると考えられます。

解 説

1 墓地への抵当権設定の可否等

まず、墓地に対する抵当権設定を禁止する法令等はないため、墓地に抵当権を設定すること自体は可能です。

もっとも、厚労省が公表した「墓地経営・管理の指針等について」（平成12年12月6日生衛発第1764号厚生省生活衛生局長通知）2(5)「安定的な経営管理計画」では、墓地経営の許可に関して、①原則として、墓地経営開始までに抵当権等の権利を消滅させ、その後も抵当権を設定してはならない旨が示されており、②例外的に、墓地開発を行う際に抵当権の設定が必要となる場合にも無条件に経営許可を出すのではなく、許可後の一定期

間内に抵当権を消滅させることを許可の条件（附款）とし、抵当権を抹消した時点でその旨の届出をさせるなどの方策が必要であろうとの見解を示しています。

　また、墓地使用権者が存在する墓地に対して抵当権を設定しようとする場合、墓地使用権者とお寺や霊園との契約、又は、お寺や霊園が制定している内部規則等によって、総代会の決議その他手続が必要となる等、抵当権の設定に関して墓地使用権者の事前の承諾等が必要となる場合も考えられます[3]。

　このように、墓地への抵当権の設定は、墓地使用権者に配慮して、実務上は一定程度制限されているともいえます。

2　墓地使用権と抵当権の優劣関係

(1)　現行法の状況

　上記のとおり、墓地への抵当権の設定は、実務上は一定程度制限されるとはいえ、法律上は墓地に抵当権を設定することも可能なため、上記の厚労省の指針②の内容に反して墓地所有者が抵当権を消滅しないまま墓地使用権が設定された場合などは、実体法上は墓地使用権と抵当権の優劣関係が問題となり得ます。

　この点、本章 Q7 で説明したとおり、現行の墓埋法その他法律において、墓地使用権の内容を具体的に定める規定はありません。また、不動産登記上、墓地使用権に関する登記制度は存在せず、借地借家法上の対抗力や民法上の法定地上権のような、土地上に存在する建造物の使用を保護するための特別規定もありません。

　このように、墓地使用権（墓石）と抵当権との優先関係は、法律上は明確に定められていないのが実情です。

---

3)　石原豊昭『お墓のことを考えたらこの一冊〔第2版〕』110頁8参照（自由国民社、2015）。

(2) 優劣関係の検討

ア 対抗力の観点からの検討

それでは、墓地に設定された抵当権が実行された場合、当該土地上の墓地使用権者は、常に抵当権者に対抗できず、お墓を撤去しなければならないのでしょうか。

この点、上述のとおり墓地使用権には対抗要件を具備するための制度がないため[4]、理論的には、対抗力を具備した抵当要件が実行された場合、抵当権の登記具備時点と墓地使用権の設定時点の先後関係を問わず、抵当権が優先するとも考えられます。

イ 墓埋法の観点及び墓地使用権の本質からの検討

もっとも、以下の二つの観点から、墓地に設定された抵当権が実行されそうな場合でも、墓地使用権者が改葬の承諾をしない限り、抵当権の対抗要件（具備）と墓地使用権の設定時点の先後関係を問わず、当該土地の墓地使用権者は、最終的には墓石を維持できる可能性が相当程度あるものと考えられます[5]。

まず、墓埋法では、「埋葬した死体を他の墳墓に移し、又は埋蔵し、若しくは収蔵した焼骨を、他の墳墓又は納骨堂に移すこと」を「改葬」と定義付け（墓埋法2条3項）、改葬をするためには市町村長の許可を必要とし（同法5条1項）、墓地使用権者以外の者が改葬許可の申請をする際には、墓地使用権者の承諾書又はこれに対抗することができる「裁判の謄本」の添付を義務付けています（墓埋法施行規則2条2項2号）。

この点、抵当権者及び競落人等が、当該墓地を廃止しようとする場合、今後の使用に向けた土地の整備・掘削等が必要となりますが、当該行為は改葬（埋葬等した焼骨の他の墳墓への移転等）を前提するため、上記規則に基づき「承諾者」か「裁判の謄本」が必要となります。

---

4) ただし、墓地使用権の法的性質を論じる中で公示方法に触れた裁判例も存在します。例えば、岡山地津山支判昭和44年2月13日（判時567号72頁）では、「墓碑等特殊な表示物によって一般に公示され得るものであるから民法175条に明定する物権法定主義の存在根拠と抵触するものではないと解される」と判示しています。

5) 藤井正雄・長谷川正浩共編『Q&A墓地・納骨堂をめぐる法律実務〔補訂版〕』39頁（新日本法規、2005）、本章脚注3）110頁でも同様の見解が示されています。

74 第2章 お墓と法律

　このため墓地使用権者が「承諾」をしない限り、墓地を廃止しようとする抵当権者は「墓地使用権者に対抗することができる裁判の謄本」を裁判で求めることになりますが、前述本章Q7のとおり、過去の裁判例は、墓地使用権の「永久性」及び「固定性」という性質に配慮して墓石を維持する方向での結論を導く傾向にあるといえます。また、実際に墓地に抵当権を設定しようとする者は、既に当該墓地に墓地使用権が存在している又は今後発生する可能性があることを認識していることが通常と考えられ、競落人や任意売却で墓地を取得する者も実地検分で土地の利用状況を認識しているのが通常と考えられます。

　かかる過去の裁判例の傾向や、利害関係者間の実情に鑑みると、信義則や権利の濫用といった民法上の一般条項（民法1条2項・3項等）や墓地使用権の物権的性格を理由として、墓地使用権が保護されるとの判断が裁判で下される（墓地使用権者に対抗することができる裁判の謄本を申請者が取得できない）可能性もあるものと考えられます。

11 離檀と納骨

Q 寺院墓地に先祖代々のお墓をもつ檀家が檀家を辞めようとする場合、お墓を当該寺院墓地から移動しないといけないのでしょうか。

A 檀家・寺院間の明示・黙示の合意の内容次第です。この際、墓埋法が、「墓地…の管理者は、埋葬、埋蔵、収蔵[6]…の求めを受けたときは、正当の理由がなければこれを拒んではならない。」（同法13条）と規定していることが参考となります。

なお、寺院墓地及び檀家制度・檀家契約については本章Q5を参照してください。

第2章

解 説

1 背景

核家族化・超高齢化社会が進み、先祖代々のお墓を末代まで一族全体で守るという意識は薄れ、お墓を撤去する、いわゆる墓じまいの一環として、無宗教を含めて改宗し、先祖代々の寺院から離檀する場合も増えていると聞きます。

2 問題点

そこで、離檀（檀家契約の解除・解約）が、檀家・寺院間の墓地使用契約の解除をも伴うものか否かが問題となります。

3 契約書・約款の確認から

基本的には、まず、檀家契約書、入檀誓約書ないし墓地使用契約書や墓地使用約款を探し、離檀と改葬に関する条項・規定を確認することになり

---

6) 「収蔵」は、焼骨を納骨堂に収めることを意味します。

ます。

4　証文のない場合

　もっとも、先祖代々のお墓となると、約款がない場合や約款の適否も問題となる場合等、明示的合意を認めることが困難なケースも多く散見されます。

　明示規定のない場合、①離檀に伴い改葬（お墓の移転）が必要となるのか、②必要とならないとしても、引き続きそのお墓を改宗後の宗派又は無宗派の典礼方式にしたがって奉ることが許されるのか、という点につきどのような元檀家・寺院間の黙示の合意が成立していたのかが争いとなります。

　この点、元檀家が管理者に対して継続して埋葬又は埋蔵を求めることができるのかという問題として、「墓地…の管理者は、埋葬、埋蔵、収蔵…の求めを受けたときは、正当の理由がなければこれを拒んではならない。」と定めた墓埋法13条が大きな参考となります。

5　墓埋法13条の趣旨と厚労省指針について

　墓埋法13条において管理者の応諾義務が定められている趣旨は、「管理者がこのような求めをみだりに拒否することが許されるとすれば、埋葬（法第2条第1項）、埋蔵、収蔵又は火葬（法第2条第2項）の施行が困難におちいる結果、死体の処理について遺族その他の関係者の死者に対する感情を著しくそこなうとともに、公衆衛生上の支障をきたし、ひいては公共の福祉に反する事態を招くおそれのあることにかんがみ（法第1条参照）、このような事態の発生を未然に防止しようとする趣旨に基づくものであろう。」とされており（昭和35年2月15日法制局一発第1号厚生省公衆衛生局長あて内閣法制局第1部長回答[7]）、「宗教団体がその経営者である場合に、

---

7)　「墓地、埋葬等に関する法律第13条の解釈について」（昭和35年3月8日衛環発第8号厚生省環境衛生部長通知」別紙2
　　同旨、生活衛生法規研修会監修『新版　逐条解説　墓地、埋葬等に関する法律〔第2版〕』64頁（第一法規、2012）

その経営する墓地に、他の宗教団体の信者が、埋葬又は埋蔵を求めたときに、依頼者が他の宗教団体の信者であることのみを理由としてこの求めを拒むことは、「正当の理由」によるものとはとうてい認められないであろう。」（同回答）とされています。

よって、離檀の場合についても、個別具体的事情において「正当の理由」（同法13条）が認められるか否かの問題になるといえるでしょう。

6　参考裁判例

離檀（改宗）と墓地使用に関する裁判例としては、以下のものが参考になります。

(1)　**最高裁判所平成14年1月22日判決**（判タ1084号139頁）

「寺院が檀信徒のために経営するいわゆる寺院墓地においては、寺院は、その宗派に応じた典礼の方式を決定し、決定された典礼を施行する自由を有する。したがって、寺院は、墓地使用権を設定する契約に際し、使用権者が当該寺院の宗派の典礼の方式に従って墓石を設置する旨の合意をすることができるものと解され、その合意がされた場合には、たとい、使用権者がその後当該宗派を離脱したとしても、寺院は、当該使用権者からする当該宗派の典礼の方式とは異なる宗教的方式による墓石の設置の求めを、上記合意に反するものとして拒むことができるものと解するのが相当である。

これを本件についてみると、前記の事実関係によれば、本件墓地は、甲宗に属する寺院である上告人が、信徒及びその親族ら有縁者のために経営する寺院墓地であり、被上告人は、本件墓地区画の永代使用権を取得するに当たり、甲宗の定める典礼の方式に従って墓石を設置することに合意したものであるところ、甲宗が定める典礼の方式によると、墓石に刻する題目は当該墓地が属する寺院の住職が書写したものであることを要するとされている。そして、被上告人が設置を求める本件墓石の題目は上告人の住職が書写したものではなく、また、本件墓石は宗教的方式によらないものとはいえないから、題目が外形上は上告人の住職の書写したものと類似していたとしても、本件墓石は甲宗の定める典礼の方

式とは異なる宗教的方式によるものであることが明らかである。そうすると、本件においては、上告人は、上記合意に反するものとして、被上告人が本件墓地区画に本件墓石を設置することを拒むことができるというべきである。」

⑵　**宇都宮地方裁判所平成 24 年 2 月 15 日判決（判タ 1369 号 208 頁）（※離**檀ではなく埋蔵の場面ですが、墓地使用権を承継した者がその寺院と異なる宗派となった場合に、異宗派での典礼方式を行うことを寺院は拒否できるが、墓地使用権の行使として無典礼の方式による埋蔵は認められるとした事例です。なお、上記⑴の最判は、墓地使用権設定契約締結に当たって合意された典礼に関する合意の効力は墓地使用権者が改宗離檀した場合にも及ぶか（積極）という問題であり、他方、本裁判例は、当該合意の効力が墓地使用権の承継取得者に及ぶか（消極）という問題でした。本人か承継取得者かという点が異なりますのでご留意ください。）

　「本件墓地は寺院墓地であり、その墓のほとんどは甲寺派の典礼に従い使用されてきたことが認められ、原告の祖先が被告との間で本件墓地使用権の設定を合意するに当たっても、被告の定める典礼の方式に従い墓地を使用するとの黙示の合意が成立したものと認めるのが相当である。

　しかしながら、本件墓地使用権を承継した者が異なる宗派となった場合にまで上記の黙示の合意の拘束力が及ぶかどうかについて、これを定めた墓地使用規則はなく、また、その場合にも被告の典礼の方式に従うとの慣行があったことを認めることもできない。以前は、いくつかの異宗派の者が、その宗派の定める典礼の方式により本件墓地内に墓石を設置し、遺骨を埋蔵していても、被告が寺として異議を述べた事情は認められない。そして、原告も、甲寺派とは異なる題目の墓石を設置し、法名の授与を受けずに遺骨を埋蔵していたものである。

　以上によれば、上記の黙示の合意の解釈として、本件墓地使用権を承継した者が異なる宗派となった場合に、その者に対し被告の属する甲寺派の典礼の方式に従うことを求める効力があるとするのは困難であり、その者が甲寺派とは異なる宗派の典礼の方式を行うことを被告が拒絶できるにすぎないと解するのが相当である。

そうであるとすれば、原告が被告とは異なる宗派であるとしても、それ自体が直ちに被告が原告による遺骨の埋蔵を拒絶する正当の理由となるものではないことはもちろん、原告が、被告の典礼の方式に従わず、又は被告の典礼の方式に従うが墓地管理料以外の典礼に伴う布施等の金員の出捐を拒否することが、上記黙示の合意に違反するものではなく、墓地使用権の行使として無典礼の方式による遺骨の埋蔵を求めることも、上記黙示の合意に抵触するものではない。」

(3) 上記(2)の裁判例と同様の判示をしたものとして、**東京高等裁判所平成8年10月30日判決**（判時1586号76頁）

(4) 上記(2)の裁判例とは異なる判示をしたものとして、**津地方裁判所昭和38年6月21日判決**（下民14巻6号1183頁、判時341号19頁）

7 関連する問題点

なお、改葬に伴い檀家を辞める場合に、「離檀料」として高額な金銭の支払いを請求される場合もありますので、離檀料についてどのような明示・黙示の合意がなされているのかも確認する必要があります（本章Q14参照）。

また、近年、檀家側の管理料[8]の不払いにより寺院側から墓地使用契約を解除され墓地の移動を求められたり、さらには既にお墓が撤去されて無くなっていたことが判明したという事案も聞かれます。

8 寺院墓地及び檀家制度・檀家契約について

本章Q5を参照してください。

---

[8] 「墓地の共用部分についての支出を補填するために必要な料金であり、年単位等一定の期間について徴収されることが多いようである。（中略）特に法律等で定義づけが行われているものではないが、慣習として行われてきたものであると考えられ、またマンションの料金徴収と似通った部分もあることから、それなりに合理性があるものと考えられる。」（平成12年12月6日生衛発第1764号厚生省生活衛生局長通知）

12 葬儀と納骨

Q 別の宗派で葬儀を済ませたのですが、寺院墓地に埋葬しようとしても、埋葬を拒絶されてしまうのですか。

A 檀家・寺院間の明示・黙示の合意の内容次第です。この点、墓埋法は、「墓地…の管理者は、埋葬、埋蔵、収蔵…の求めを受けたときは、正当の理由がなければこれを拒んではならない」（同法13条）と規定しており、「正当の理由」が認められるか否かの問題となります。

なお、寺院墓地及び檀家制度・檀家契約については本章Q5を参照してください。

解説

1 背景

先祖代々の寺院墓地があっても、祭祀承継者が異なる宗派の信者になったり、介護等のため遠方にいる親族の下に引き取られて亡くなり、その亡くなった場所に故人の宗派の寺院がなかったり、付き合いが薄くなった親戚がいわゆるお一人様で亡くなったが、いざというときに故人の宗派が分からないといった事例が、最近は増えていると聞きます。

そこで、先祖代々の寺院墓地に納骨しようとしても、そもそも別の宗派で葬儀を済ませていたという場合に、寺院側に納骨を拒絶されてしまうのかが問題となります。

2 結論

考え方は、本章Q11と同じです。

まずは、墓地使用約款等明文の規定を探します。

その上で、明文の規定が見当たらない場合には、寺院との間でどのような黙示の合意が成立しているかを確認することになります。これは、管理

者の応諾義務を定める墓埋法 13 条の「正当の理由」の有無の問題といえます。同法の趣旨については、本章 Q11 を参考にしてください。

　また、本章 Q11 と同様に、本件墓地使用権を承継した者が異なる宗教の信者となった場合にその異なる宗派の典礼の方式を行うことを寺院が拒絶できるにすぎず、無典礼の方式での埋蔵は黙示の合意に違反するものではないとした宇都宮地方裁判所平成 24 年 2 月 15 日判決（判タ 1369 号 208 頁）も参考となります。

3　寺院墓地及び檀家制度・檀家契約について

　本章 Q5 を参照してください。

13 誰を納骨するかの決定権

 次男はお墓が準備できないから本家のお墓に入りたいと希望していましたが、これを長男が断るという兄弟間の対立が続いたまま、次男が亡くなりました。この場合、次男は本家のお墓に入ることができるのでしょうか。

A そのお墓に誰を納骨するかは、そのお墓の墓地使用権者が決めることです。そして、墓地使用権は、祭祀承継者に帰属します（民法897条）。

設問の場合であれば、次男の遺族が故人の意思を尊重して本家のお墓に入れてほしいと要望した場合であっても、本家のお墓の祭祀承継者すなわち墓地使用権を取得している者が長男であれば、長男の承諾がなければ、次男は当該お墓に入ることはできません。

なお、「慣習」（同条1項）や「被相続人の指定」（同項ただし書）が明らかではなく、故人の祭祀承継者が誰であるかにつき争いあるときは、祭祀承継者の定めを求める調停・審判が必要になります（家事事件手続法244条・別表第二11の項、民法897条2項）。

解説

1 そのお墓に誰を納骨するかという埋蔵の決定権者は、そのお墓の墓地使用権者です。

2 そして、墓地使用権は、墓を含めて祭祀承継者に帰属します。
　よって、そのお墓の祭祀承継者の意思で、当該お墓に誰を納骨するかが決まるといえるでしょう。

3 もっとも、故人の祭祀承継者が誰であるかという点についても争いが生じている場合には、民法は、祭祀承継者の決定を原則、慣習に委ね、故人の指定がある場合は、当該指定に従うこととしています（民法897条1項）。

そこで、核家族化等により慣習が分かりづらくなっていたり、時代に即さなくなっていたり、又は、遺言がない、遺言があっても祭祀承継者の指定がない場合には、故人の祭祀承継者が誰であるかを巡っての紛争が生じます。

4 このように、慣習が明らかでない場合や故人の指定が明らかではない場合には、家事調停・家事審判によって、祭祀承継者を定めることとなります（家事事件手続法244条・同法別表第二・11の項、民法897条2項）。

5 このような紛争を事前に予防するためには、遺言又は公正証書遺言において、祭祀承継者を指定しておくことが有効です。

もっとも、コストをかけて公正証書遺言を作成しながらも、信託銀行からの依頼で祭祀承継者指定条項が失念されている場合や、相続人間の協議に任せようと祭祀承継者の指定条項を入れない場合も多いようです。

また、遺言作成者の中には、①お墓の承継、②葬儀、③埋葬方法を区別できていない方もいらっしゃるため、公正証書遺言作成時には、依頼者に対して、希望事項が遺言事項（祭祀承継の問題）に該当するのか、付言事項（葬儀・埋葬）に該当するのかを説明し、その意思を明確にすることが必要です。

なお、付言事項に該当する部分について法的な効果を生じさせるためには「負担付遺贈」という形式をとる方法もありますが、公正証書遺言の場では、あまり活用されていないようです。

84　第2章　お墓と法律

14　墓じまい

Q　遠方にあるなどして、管理が困難になったお墓は、どのように処理したらいいのでしょうか。

A　お墓の管理が困難となった場合、お墓に納められている遺骨を取り出し、墓石を処分するなどして墓所を整理し、墓地区画を墓地や霊園に返却することが考えられます。

　このようにしてお墓を整理することを「墓じまい」と呼ぶことがあります。

解　説

1　背景

　核家族化・超高齢化社会が進み、先祖代々のお墓を末代まで一族全体で守るという意識は薄れ、墓じまいのニーズが伸びています。

　年をとって遠方にある先祖代々のお墓を管理することが困難になった、自らに子どもがいない若しくは子どもと疎遠である又は子どもにお墓の管理の負担を負わせたくないといった理由で、終活の一環として、墓じまいをすることが増えてきました。

2　墓じまいの方法

(1)　お墓に納められている遺骨を取り出す

　墓じまいを行うには、まず納められている遺骨を取り出すことが必要となります。

　遺骨の取り出しについては、法律上の手続と、墓地や霊園の規則によって定められた手続の双方を確認する必要があります。

　ア　法律上の手続

　取り出した遺骨の取扱い方によって、法律上の手続が異なります。

① 遺骨を新たに他の墓地や納骨堂に納める場合

　お墓に埋葬されていた遺体や、埋蔵・収蔵されていた遺骨の全部を他のお墓に移すことを「改葬」といい（墓埋法2条3項）、所定の手続が必要となります。改葬手続については、本章Q1をご参照ください。

② 遺骨を手元に置いて供養する場合や散骨の場合

　埋蔵・収蔵されていた遺骨の全部又は一部を他のお墓に移すことなく、手元に置いて供養する場合（手元供養）には、墓埋法に定める「改葬」に当たりませんので、法律上は特段の規制が課されていません。手元供養については、4章Q5をご参照ください。

　また、散骨のための遺骨の取り出しも、墓埋法に定める「改葬」に当たらず、法律上特段の規制が課されていないと解されます。散骨に関する法的論点については、1章Q4を、お墓から遺骨を取り出して散骨する場合の手続については、4章Q6をご参照ください。

イ　規則上の手続

　墓地や霊園が定める規則において、遺骨の取り出しについて一定の手続が定められていることが通例です。また、寺院墓地では、寺院の定める典礼方式による供養が必要な場合があります。

　まず墓地や霊園の管理者に問い合わせをして、手続を確認してください。

(2)　**墓所区画を整理する**

　遺骨を取り出した後は、墓所区画に設置されている墓石を撤去し、更地にして墓地や霊園に返還することとなります。

　墓所区画の返還についても、墓地や霊園が定める規則に手続や方法が定められていることが通例ですので、墓地や霊園の管理者に問い合わせをして確認をしてください。

3　注意点

(1)　**祭祀承継者の確認**

　まずは、依頼者が墓じまいをしようとしているお墓の祭祀承継者とい

えるか否かが問題となります（祭祀承継者については、本章Q13参照）。

　霊園に対して祭祀承継者の届出をすることになっているものの、真に祭祀承継者でない者が勝手に墓じまいをすると、後々、親族間での深刻なトラブルを引き起こします。

　墓じまいに当たって、親族間で先祖代々のお墓の祭祀承継者が誰なのか確認し合い、その上で、墓じまいを進めていくことが必要です。

⑵　墓じまいに当たっての典礼方式のトラブル

　墓じまいに当たって、どのような典礼方式を採るのか、又は、全く典礼をせずに事務的に改葬等をするのかも選択しなければなりません。

　墓じまいをしようとするお墓が寺院墓地であって、行おうとする典礼方式が寺院の宗派と異なると、寺院側が当該典礼を行うこと又は典礼をしないことを拒絶するといったトラブルが生じ得ます。詳しくは、本章Q11の裁判例等を参考にしてください。

⑶　離檀料のトラブル

　また、寺院墓地の場合、墓じまいに当たって離檀することになると、高額の離檀料を寺院側から請求されるというトラブルも見受けられます。

　まずは、当該寺院との檀家契約や墓地使用契約の契約書や約款を確認します。明示の合意が明らかでない場合には、従前、当該寺院で離檀の際にどのような扱いが行われてきたのか調査するなどして、依頼者・寺院間の黙示の合意を解明し、離檀料トラブルに善処するようにしましょう。

⑷　永代供養料のトラブル

　既に支払った永代供養料は、多くの場合、返還を予定していない金員であり、改葬に伴って一部が返金されることは少ないといいます。離檀料同様、明示・黙示の合意の内容を調査しましょう。永代供養料の性質等詳細については、本章Q4を参照ください。

⑸　墓石の処分について

　最近、墓じまいに当たり、業者に処分を依頼したはずの墓石が産業廃棄物として遺棄されていたといったニュースが見受けられます。

　法的には、業者に墓石の処分を依頼した時点で、当該墓石の所有権を

放棄したといえるものの、心情的に、先祖代々のお墓の墓石が産業廃棄物として放置されることに違和感を持つ場合もあるでしょう。処分業者の選定にも注意が必要でしょう。

4　東日本大震災について

　東日本大震災においては、緊急避難の法理（刑法37条）により墓埋法21条に規定する犯罪について違法性は阻却されるとの整理の下、一時的に、統一の様式を定めない、埋葬許可証に代わる証明書（特例許可証）の発行によることとされました。

　もっとも、当初、特例許可証は、緊急事態の一定の収束を前提として、焼骨の埋蔵まで認めるものではありませんでしたが[9]、平成23年4月14日付厚労省通知[10]において、特例許可証等による焼骨の埋蔵も認められるに至りました。

　そして、改葬のための御遺体の掘り起しに要する費用等一定の経費が災害救助法の国庫対象となりました[11]。

---

9)　「「平成23年（2011年）東北地方太平洋沖地震」の発生を受けた墓地、埋葬等に関する法律に基づく埋火葬許可の特例措置について」（平成23年3月14日健衛発0314第1号厚生労働省健康局生活衛生課長）

10)　「「平成23年（2011年）東日本大震災」の発生を受けた墓地、埋葬等に関する法律に基づく焼骨の埋蔵等に係る特例措置について」（平成23年4月14日健衛発0414第1号厚生労働省健康局生活衛生課長）

11)　「土葬された御遺体の改葬に伴う災害救助法の取扱いについて」（平成23年5月24日健衛発0524第1号・社援総発0524第1号厚労省健康局生活衛生課長、社会・援護局総務課長通知）

15 墓地経営と住民紛争

Q 近所に納骨堂が建つようですが、異議申立てはできますか。反対するにはどのような手続がありますか。

A 東京都の場合は、条例により、墓地等の許可申請の事前手続として、事前周知手続の履践が義務付けられています。具体的には、①墓地等の計画に関する標識の設置、②説明会の実施、③近隣住民からの申出による協議を行うことが必要とされます。それにより、建設予定地に居住する住民らは、納骨堂の経営者と協議等を行うことができます。ただ、墓埋法上、住民の同意が、都道府県知事の許可の要件となっていないことから、住民の同意がなくとも、許可をすることができるため、問題があります。

解説

1 墓埋法10条1項について

墓地や納骨堂を新たに設置する場合において、墓地及び納骨堂は拒絶反応が示されることもあり、近隣住民から反対されることがしばしば見受けられます。

墓埋法は、墓地、納骨堂又は火葬場の管理や埋葬等が、国民の宗教感情に適合し、かつ公衆衛生その他公共の見地から、支障なく行われることを目的として制定されたもので、墓埋法10条1項は「墓地、納骨堂又は火葬場を経営しようとする者は、都道府県知事の許可を受けなければならない。」と規定しています。

2 東京都の条例について

墓埋法の施行に当たっては、各都道府県において条例・罰則を制定し、それぞれの地域の実情に合わせて、墓埋法が運用されています。

墓埋法 10 条の都道府県知事の許可については、東京都は他の都道府県と比して特に厳しい基準を設けています。

具体的には、東京都は平成 12 年に「墓地等の構造設備及び管理の基準等に関する条例」と「墓地等の構造設備及び管理の基準等に関する条例施行規則」を改正し、墓地等の開発による近隣住民との紛争を事前に防ぐため、事前周知の手続を新たに規定しました。

これにより、東京都の場合は、墓地等の許可申請の事前手続として、事前周知手続の履践が義務付けられ、具体的には、①墓地等の計画に関する標識の設置、②説明会の実施、③近隣住民からの申出による協議を行うことが必要となります。

よって、周辺住民らは、墓地及び納骨堂の経営者と協議をすることができます。

3 協議が調わなかった場合

もっとも、この協議による住民の合意は、墓地や納骨堂の経営許可の必要条件ではありません。したがって、協議の結果、住民の合意が得られなくとも、墓埋法 10 条によって都道府県知事は許可をすることができます。

では、そのような場合に、住民はどのような手続により、異議申立てをすることができるでしょうか。

(1) 行政訴訟について

ア 原告適格について

周辺住民としては、都道府県知事の許可の取消しを求めることが考えられます。

行政事件訴訟法 9 条 1 項は、「処分の取消しの訴え及び裁決の取消しの訴え…は、当該処分又は裁決の取消しを求めるにつき法律上の利益を有する者…に限り、提起することができる。」と規定しています。そこで、納骨堂の許可の取消しを求める取消訴訟において、周辺住民らがこの「法律上の利益を有する者」として、訴えを提起することができるのか、原告適格が問題となります。

行政事件訴訟法 9 条 1 項にいう「法律上の利益を有する者」とは、

「当該処分により自己の権利若しくは法律上保護された利益を侵害され、又は必然的に侵害されるおそれのある者」をいいます。

そして、「当該処分を定めた行政法規が、不特定多数者の具体的利益を専ら一般的公益の中に吸収解消させるにとどめず、それが帰属する個々人の個別的利益としてもこれを保護すべきものとする趣旨を含むと解される場合」には、「当該処分によりこれを侵害され、又は必然的に侵害されるおそれのある者」には、「原告適格」が認められます。この「法律上保護された利益の判断」は、当該法令の趣旨及び目的並びに当該処分において考慮されるべき利益の内容及び性質を考慮すべきであり、この場合において、当該法令と目的を共通にする関係法令があるときは、その趣旨及び目的を参酌するとされています（最判平成17年12月7日民集59巻10号2645頁参照）。

墓埋法10条は、墓地等を経営しようとする者は、都道府県知事の許可を受けなければならない旨を規定するのみで、その許可の要件については何ら規定していません。

もっとも、東京都の条例は、墓埋法10条の規定による経営の許可等に係る墓地等の構造設備及び管理の基準並びに事前手続その他必要な事項を定めることを趣旨としており、墓埋法と目的を共通にする関係法令といえます。

その趣旨及び目的を参酌すると、墓埋法10条1項は、第1次的には公益的見地からの規制を予定しているものの、それとともに周辺住民等の健康又は生活環境に係る著しい被害を受けないという利益を個々人の個別的利益としても保護すべきものとする趣旨を有するというのが相当です。

これにより周辺住民のうち、違法な墓地経営に起因する墓地周辺の衛生環境の悪化により健康又は生活環境の著しい被害を直接的に受けるおそれのある者は、原告適格が認められる余地があります（東京地判平成22年4月16日裁判所ウェブサイト参照）。

イ　違法性について

　もっとも上記のように、周辺住民に原告適格が認められたとしても、住民の同意を得ること自体が、墓埋法10条の要件となっていない以上、違法性についての認定が厳しいといえます。よって、住民の同意を得ていないことをもって、取消訴訟を提起したとしても、住民の請求が認容されることは一般的に難しいといえるでしょう。

(2)　国家賠償請求等について

　他に、国家賠償の請求、使用差止訴訟が考えられますが、前者は、上述した通り、違法性の認定ができないこと、後者は受忍限度を超える蓋然性がないことを理由に、請求は棄却される可能性が高く、これもまた難しい問題であるといえます。

(3)　調停の申立てについて

　そこで、法的手段としては、調停を申し立て、納骨堂経営者と住民で話し合うのが一番良い方法のように思われます。

　もっとも、その前段階の説明会及び住民協議の中で周辺住民と納骨堂経営側双方が互いに納得がいくまで話合いをすることが重要だと思われます。

92　第2章　お墓と法律

16 複数人との墓地等の使用関係

Q 　仲の良い友達数名と一緒にお墓に入りたいと思っていますが、複数名で共同して一つのお墓を持つことはできるのでしょうか。

A 　墓地においては、墓地経営者と墓地を使用する一名との間で使用に関する契約を取り交わすことが一般的です。しかし、墓地との使用関係について、墓地経営者と法人や団体、仲の良い友人等の複数の人の間で、契約を取り交わすことについて、特に禁止をする必要も理由もありません。

　ただ、複数の人との間で使用関係を取り交わすような場合に、責任の所在や相手の特定に支障が生じる危険もあるため、そのような契約を認めない墓地も多いようです。

　なお、近時は身寄りのない方々の遺骨を集団的に納めているお墓もあります。

解　説

1　お墓の取得は、家電製品のような物を購入する場合と異なり、①区画を使用する権利と、②お墓自体を所有する権利の二つの権利を取得するという側面があります。

　①は墓地の経営主体と使用者間で締結される契約であって、区画に対する使用権を取得するものであり、②は使用者と石材店で取り交わす売買契約で、取得する権利は、お墓（墳墓）に対する所有権となります。

2　お墓の取得は、墓地を使用しようとする者と墓地経営者との契約関係です。したがって、複数人による契約・使用を認めるかどうかは墓地経営者の判断となります。そして、それが認められる場合の墓地契約者との法律関係は、墓地使用契約書や墓地の約款、規則などによって定めら

れます。

3　それでは、共同取得した当事者間の法律関係はどのようなものでしょうか。

　まず前記②のお墓自体を所有する権利については共同取得した当事者でお墓を共有しているという法律関係になります。

　それでは、前記①の墓地使用権についてはどのような法律関係になるでしょうか。

　例えば、仲の良い友人同士二人でお墓を取得し、区画を使用する使用料は二人で折半するという約束をしていたのに、一人が使用料の負担分を支払わない場合、自分の負担分を支払ったもう一人は墓地経営者からの請求を拒むことができるかといった形で問題となります。

　多数人が1個の不可分給付を目的とする債権を有する場合を不可分債権（民法428条）といい、使用者側のお墓の区画を使用する権利は、この不可分債権に該当するものといえます。そして、このような不可分給付を享受することに対する対価である使用料については、性質上の不可分給付となるものとされています。

　よって、上記事例のような場合は、墓地経営者側は、お墓の区画の使用料を各人に全額を請求することができ、共同使用者の一人は、自らはその負担分を支払ったという理由でこれを拒絶することはできないということになります。

94 第2章 お墓と法律

17 みなし墓地とは認められない墓地への埋葬

Q みなし墓地とは何でしょうか。みなし墓地とは認められない墓地に、これから埋葬することはできるのでしょうか。

A 「みなし墓地」とは、墓埋法附則によって、同法施行の際に現に許可を受けて墓地等の経営をしていた者について同法の許可を受けたものとみなされる結果、適法とされる墓地をいいます。

墓埋法の許可を受けた墓地でも、みなし墓地でもない土地に埋葬することは許されません。ただし、事情によっては現実的な対応がなされる可能性もありますので、当該地域を所管する保健所又は市町村の衛生関係の窓口に問合せをしてみてください。

解 説

1 みなし墓地について

墓埋法附則 26 条に「この法律施行の際現に従前の命令の規定により都道府県知事の許可をうけて墓地、納骨堂又は火葬場を経営している者は、この法律の規定により、それぞれ、その許可をうけたものとみなす。」と規定されています。これがいわゆる「みなし墓地」の規定です。

この規定は、旧法令（墓地及び埋葬取締規則、墓地及び埋葬取締規則に違背する者処分方、埋火葬の認許等に関する件等）に基づく許可等について新法に対応する許可として引き継ぐことを規定したもので[12]、かかる規定によって新法における許可を受けたものとみなされる結果適法とされる墓地をみなし墓地といいます。

---

12) 生活衛生法規研究会監修『新版 逐条解説 墓地、埋葬等に関する法律〔第2版〕』94 頁（第一法規、2012）参照

この「みなし墓地」の規定は、旧法令によって、既に許可を得ているものにその適用が限られるのであって、これらの規則が制定される前から存在するような墓地は「みなし墓地」の適用対象となりません[13]。

2　みなし墓地の適用範囲外の土地について

設問のように、「みなし墓地」の適用対象から外れてはいるが、旧来から墓地として使用されてきた土地であっても、みなし墓地の適用がない以上、そこは現行法上は墓地と認められませんから、そこに新たに遺体を埋葬しあるいは焼骨を収蔵することはできないこととなります（墓埋法4条）。

もっとも、長年にわたって、墓地として使用され続けてきたにもかかわらず、都道府県知事等の許可を受けていない土地は相当数あるといえます。

墓埋法の施行以前からの墓地としての実態があったとしても、旧墓地及び埋葬取締規則等によって許可されていないものは全て無許可の墓地であるというのは形式的に過ぎるともいえます。

3　現在、墓埋法における都道府県及び市町村の全ての事務が自治事務であるため、具体的な手続は、地方自治体ごとに異なっていますので、当該地域を所管する保健所又は市町村の衛生関係の窓口に問合せをしてみてください。古くから墓地があったことが明らかであり、それをさらに拡張しようとするというような意図がない場合には、行政において現実的な対応がなされる可能性もあると思われます。

---

13)　本章脚注 12) 94 頁参照

18 海外で渡航中に日本人が死亡したとき

Q 　海外で亡くなっている日本人の数はどのくらいでしょうか。また、海外旅行先などで日本人の親族が死亡した場合に、どのような対応が必要でしょうか。その他留意すべき手続は何かあるでしょうか。

A 　海外で亡くなる日本人の数は平成26年で522名であり、その数は少なくありません。

　もし親族が海外で亡くなった場合には、①まずは現地関係当局の法的手続等を完了させるとともに、②各国の在外公館（日本大使館又は総領事館。以下同じです。）と相談しつつ、現地で火葬を行って遺骨を持ち帰るのか、日本へ遺体を運ぶのかを決めた上で、遺体の搬送等にどのような手続が必要になるかを確認していただくことをお勧めします。また、③死亡の届出義務者は、死亡の事実を知った日から3か月以内に亡くなった現地の在外公館又は死亡者の本籍地のある国内の市町村役場に対して死亡届を届け出る必要があります。

解　説

1　海外における邦人の年間死亡者数

　外務省が公表している平成26年に係る海外邦人援護統計（平成27年12月公表）では、海外における邦人の死亡者数は平成26年で522名（平成24年は537名、平成25年は601名）であり、その数は決して少なくありません。なお、平成26年の最も多い死因は疾病等で約8割（405名）、次いで自殺で約1割（47名）となっています。

2 海外で日本人が死亡した場合の手続

(1) 現地関係当局の法的手続等

遺体の取扱いについては、まず亡くなった現地関係当局の法的手続、例えば、医師による死亡診断、現地の在外公館の署名のある死亡証明書の発行、又は現地警察機関の検死に委ねる必要があります（外務省ホームページ「よくある質問集問3」等参照）。

(2) 日本で火葬する場合の手続

次に、死亡者の遺体が残っている場合、現地関係当局の法的手続を進めるのと並行して、①現地の法令等に基づき現地で火葬をした後、遺骨を日本に航空機等で持ち帰るか、②遺族が現地まで遺体を受け取りに行った上で遺体を日本に持ち帰り火葬するかを判断する必要があります。亡くなった国と日本との距離が近い場合には、日本で火葬することが多いと思われますが、この場合の流れは、以下のとおりとなると考えられます。

---

①現地の在外公館から外務省に対する連絡

　↓

②外務省から国内の遺族に対する連絡

　↓

③海外から日本への遺族による遺体の搬送（遺体の防腐処理が必要となります。）

　↓

④空港から自宅等への国内葬儀社等による遺体搬送

　↓

⑤国内での葬儀

なお、在外公館において、遺体の茶毘又は日本への搬送に関する助言・情報提供を受けることができるようですので、諸手続や搬送に関しては最寄りの在外公館へ相談することが有用です。外務省のホームページに在外公館設置状況のリストが公表されていますので、以下の各リン

クをご参照ください（在外公館リストは、各国の在外公館のホームページ等にリンクしていますが、死亡した場合の手続について詳細な記載がある場合と、非常に簡易な記載にとどまる場合があるのでご留意ください。）。

（外務省公表：在外公館設置状況。平成 28 年 4 月時点）

http://www.mofa.go.jp/mofaj/files/000047796.pdf

（外務省公表：在外公館リスト）

http://www.mofa.go.jp/mofaj/annai/zaigai/list/index.html

⑶　死亡届

　上記以外の手続として、亡くなった親族の方と同居している場合には、同居者は死亡の届出義務者となるため、死亡の事実を知った日から 3 か月以内に現地の在外公館又は死亡者の本籍地のある日本の市町村役場に対して死亡届を届け出る（郵送又は持参）必要があります（届出先につき戸籍法 25 条、40 条。届出義務者につき同法 86 条 1 項、87 条 1 項 1 号）。

　この点、海外で死亡届を出すと、日本では二重届出となり受理されない可能性があるので、届出をする際には注意が必要です。なお、この点に関し、在アメリカ合衆国日本国大使館のホームページにおいては、日本への遺体や遺骨の搬送をする場合には、日本の本籍地の市町村役場へ死亡届を届け出ることを推奨する旨の記載があります。

　また、日本で死亡届を提出する際、死亡証明書の原本とその訳文を添付する必要があります。ただし、死亡証明書の原本は 1 通のみ発行される可能性が高く、日本で死亡届原本を提出すると亡くなった現地での手続に支障が生じることが考えられます。そのため、亡くなった現地にて、副本を発行してもらう、又は、原本を翻訳の上で原本証明や翻訳証明を受けたものを原本に代えて、日本の死亡届の添付書類等とする等の工夫が考えられます。この点についても在外公館等や日本の市町村役場とご相談の上で、手続を進めていただくことをお勧めします。

3　その他

　海外で邦人が亡くなった場合ではありませんが、海外に住んでいる親族で所在が分からなくなる場合もあります。外務省は、このような者につい

て、一定の条件①3親等以内の親族、②弁護士法23条の2に基づく弁護士会照会、③官公庁、④民事訴訟法186条若しくは家事事件手続法62条（旧家事審判規則8条）に基づく嘱託等による照会により、所在地の調査を行っているとのことです。

100　第 2 章　お墓と法律

19　外国人が日本で死亡したとき

Q　外国人が日本国内で死亡した場合、どのような手続をとる必要がありますか。

A　まず死亡者の遺族に死体処置（火葬、土葬）の方法を確認するとよいでしょう。

遺体を海外に移送することを希望する場合は、エンバーミング（防腐措置）をして、母国へ送り届ける必要があります。国内での火葬を希望する場合には、母国の埋火葬許可証が必要です。

解　説

1　遺族の希望

日本国内で外国人が死亡した場合、まずは死亡者の遺族に遺体処置（火葬、土葬）の方法を確認する必要があります。

日本では、遺体を火葬するのが一般的ですが、国際的には土葬が主流です。

2　エンバーミングについて

(1)　故人の遺体を海外に移送する場合は、遺体をエンバーミング（防腐措置）して送り届ける必要があります。

エンバーミングとは、具体的には、遺体の洗浄、消毒、腐敗防止・感染防止等衛生保全のための薬液を注入し、体内の血液・排泄物の排泄処置等を行います。日本では、施設は少ないですが、首都圏や大阪、名古屋などにそのような施設があります。

航空便の搭載に関し、遺体は貨物の扱いとなります。

(2)　**必要書類について**

故人が帰国するには、その国の規定によって異なりますが、以下のような書類が必要となります。

・本人のパスポート

・死亡診断書（死亡検案書）

・エンバーミング証明書（エンバーマー宣誓供述書）等です。

(3) **その他**

　また遺体を移送するためには、当然遺体を受け入れる国の決まりに従う必要があります。

3　日本国内における火葬を希望した場合

　日本で火葬する場合は、その国の在外公館（大使館や領事館）に対して死亡の届出を行い、埋火葬許可証の発行を受けることが必要です。

　日本国内の市町村長は、外国人の死亡届を受理したときは、その届出（死亡診断書部分を含みます。）の写し1部を作成し、その表面に「死亡通報用」と朱書し、これを死亡届を受理した翌月に戸籍法施行規則48条2項によって、本籍人に関する届出書類を管轄法務局の長に送付する際に、併せて送付し、これによって対象外国人の死亡を通知します[14]。

　管轄法務局の長は、上記手続によって受けた通知を、死亡者の国籍別に整理して、速やかに外務省領事局外国人課あてに送付します。これにより、国によって、二国間協定等に従い、相手国領事等に対し、その死亡が通知されることとなります。

　このような手続をとることから、埋火葬許可証の発行には時間がかかることが多く、多くは、遺体を海外に移送する方法がとられているようです。

　ただ、海外に遺体を移送する場合には、多額の費用（遺体をエンバーミング施設に搬送する場合の霊柩車費用、エンバーミング処置費用、遺体保管費用、書類作成費用、空輸費用等）がかかるケースが多いので、注意が必要です。

---

14)　西堀英夫・都竹秀雄『渉外戸籍の理論と実務〔第3版〕』245頁参照（日本加除出版、2011）

第3章

お墓と契約

104　第3章　お墓と契約

1 墓地の使用契約に関する約款（使用規制）の事例

Q 　墓地を購入するに際しては、墓地経営者と契約を交わすことになりますが、どのような内容が規定されるのが一般的で、どのような点に気をつけたらよいのでしょうか。

A 　公営墓地については公法的な関係、民営（寺院を含みます。）墓地については私法的な関係となり、規律の根拠は異なります。しかし、内容は類似しており、墓地使用権の内容、期間、使用料や管理料、契約解除の要件や解除後の措置等について、定められています。
　また、厚生省が発表した標準契約約款もあります。

解　説

1　使用者と墓地経営者との間を規律する法規範

　公営墓地については、運営主体である地方公共団体が条例や規則を定めており、それによって使用者と墓地経営者とを公法的な関係として規律しています。

　これに対して、民営（寺院を含みます。）墓地については、使用者と墓地経営者とは私法的な関係であり、両者の関係を規律するものは契約ということになります。

　しかし、実際には契約書を締結しないケースも多く、墓地経営者が「規則」や「規約」等の表題を付した条項を一方的に適用していることも多く見受けられ、実態としては約款であると解されます。

2　約款の内容

　上述のとおり、公営墓地については地方公共団体の条例や規則で規律されていますので、以下では、私法的な関係である民営（寺院を含みます。）

墓地について適用される約款の内容について、述べます。

約款の主な構成要素は、一般的に次のとおりです。

① 約款の目的

約款が何を目的として定められたかを示します。

② 墓地使用者の条件

寺院墓地については檀家であることが前提となります。

③ 墓地使用権の内容

墓所内に納められる焼骨の範囲（親族に限る等）等のほか、重要なのは使用期間に関する定めです。

使用期間については、これを「永代」とするものや、40年等の一定期間に限定するものがあります。ただし、「永代」との定めがあっても、管理料の不払い等による解除はありますので、注意が必要です。また、期間を限定するものについては、更新についてどのような定めがされているかの確認が必要です。

④ 墓地使用者の義務

墓石を建てたり、納骨する際の届出義務のほか、使用料や管理料の支払義務があります。

使用料は、墓地使用権設定の対価であり、一括で支払うことが多いと思われます。「使用料」という名称とは限りません。

また、管理料は、使用期間中の墓地管理のために支払が必要となるものです。

金銭に関することですので、支払額や条件が明確であるか、十分な確認が必要です。

⑤ 地位承継の手続

使用者の祭祀承継者が地位を承継した場合に行うべき手続についての定めです。

⑥ 契約解除の要件

使用者及び管理者それぞれが、墓地使用契約を解除できる要件についての定めです。

使用者については、改葬目的での解除が多いと思われますが、その

際の使用料や管理料の処理、寺院墓地であれば離檀料の発生の有無については、金銭トラブルになりやすいので、約款で明確になっていると安心です。

管理者からの解除事由としては、管理料の不払いが多いと思われます。

⑦　契約終了後の措置

墓地使用契約が終了した場合の措置についての定めです。墓石や焼骨の撤去が必要になります。

3　標準契約約款について

墓の購入についての消費者トラブルが多い一方で、そもそも契約書を作成していない事例が多いなど、墓地使用に関するルールが曖昧であったことから、旧厚生省は平成12年に「墓地使用に関する標準契約約款」を公表しました（平成12年12月6日生衛発第1764号厚生省生活衛生局長通知）。

標準契約約款においては、「墓地使用権型標準契約約款」と「埋蔵管理委託型標準契約約款」という二つの類型を提示しています。前者は、広く行われている代々墓が承継されていく場合の契約を想定しており、後者は承継を前提とせず始めから経営者に埋蔵及び管理を依頼する場合の契約（「永代供養墓」と称されるもの）を想定しています。

標準契約約款の内容は厚生労働省のホームページで確認できますので[1]、購入を検討している霊園の約款と比較してみると、参考になるでしょう。

---

1)　http://www.mhlw.go.jp/topics/0104/tp0413-2.html

2 墓石等のデザインや大きさ等についての規制

Q 墓石等のデザインや大きさ等について、何か制約はあるのでしょうか。

A 墓地の使用約款その他の定めで指定されていることが多いので、墓地を購入する際に、しっかりと内容を確認しておく必要があります。

解 説

　一昔前までは、お墓というと画一的な和風のデザインがほとんどでしたが、最近は個性を反映した様々なデザインのお墓が見られるようになってきました。お墓のデザインコンテストが開催されるなどしており、故人や家族の想いや生き方を反映したオリジナルのお墓を建てたいと考える方も増えてきています。

　しかし、墓石等のデザインや大きさ等については、墓地の使用約款等で一定の定めがなされていることも多いのが実情です。墓石に刻む文字についても同様です。購入後、〇年以内に墓石を建立しなければならないという定めがある場合もあります。

　また、墓石等を発注する石材店を、墓地があらかじめ指定している場合も多く見受けられます（この指定石材店制度については、独占禁止法に抵触するのではないかという議論がありますが、この点については本章Q3をご参照ください。）。

　このように、墓石等のデザインや大きさ等について墓地の使用約款等で定めがある場合、使用者は原則としてその内容に従う義務がありますので、その定めに反する墓石等を建立した場合には、使用契約違反ということになり、最悪の場合には使用契約を解除される可能性もあります。

　このため、墓石等のデザインにこだわりたいと考えている方は、墓地を選ぶ際、その墓地がデザイン等についてどのような定めをしているのか事

前に確認しておく必要があります。

　なお、墓石等を建立する場合に、工事をする旨や墓石等の仕様等について、事前に墓地に届出をするよう定められていることも多いので、確認が必要です。

3 指定石材店

Q 墓地使用権を購入しようとしたところ、寺院から墓石の石材については、指定の石材店から購入するように求められました。自由に石材店を選べないのでしょうか。

A 民間霊園から墓地使用権を購入する場合、墓石の石材について、霊園が指定する複数の業者の中から選んで購入するように求められることがあります。これは、多くの民間霊園で行われている慣行ですが、消費者の石材店を選ぶ自由が侵害されているとして、独占禁止法が禁止する不公正な取引方法の一つであるいわゆる抱き合わせ販売に当たるのではないかが問題となります。この点、墓石のメンテナンスと経営の安定した石材店からの供給という観点から、墓石の価格が著しく高額であるなどの事情がない限り、直ちに不公正な取引方法には当たらないとされています。

解 説

1 指定石材店制度

民間が運営している墓地の場合、墓地使用権を購入する際に、これから建てようとする墓石について、特定の石材店から購入するように求められることがあります。この制度を指定石材店制度といいます。特定の石材店は、数社から数十社に及ぶ場合もあります。

2 指定石材店制度は独占禁止法の禁じる抱き合わせ販売か

独占禁止法が公正な競争を阻害するものとして指定する行為類型に抱き合わせ販売があります（独占禁止法2条9項6号ハに基づく一般指定10項）。抱き合わせ販売は、「相手方に対し、不当に、商品…の供給に併せて

他の商品…を…自己の指定する事業者から購入させ、その他…自己の指定する事業者と取引するように強制すること。」であり、指定石材店制度により、墓地使用権を購入しようとする場合、墓石を指定石材店から購入せざるを得ないことから、指定石材店制度が抱き合わせ販売に当たるのではないかが問題となります。

この点、これまで指定石材店制度が抱き合わせ販売に当たるとして公正取引委員会により処分された例はありません。指定石材店制度の場合、霊園が指定する石材店は1社ではなく、複数社あり、他に代わり得る取引先を容易に見出すことができなくなるおそれがないこと、指定石材店制度のない霊園や希望する石材店が指定されている他の霊園の墓地使用権を選択することができること、墓石を購入した石材店による墓石のメンテナンスを受けるには経営の安定した石材店であることを要すること、霊園の開設及び管理・墓石の管理において指定石材店の協力が必要であることが理由であると考えられ、独占禁止法により禁止される抱き合わせ販売の「不当に」の要件を満たさないためであると考えられます。

霊園によっては、指定石材店の資格要件を公表している例もあり、販売実績があること、経営状態が安定していることが資格要件とされている霊園もあります。

3　消費者契約法に違反しないか

霊園管理者も寺院であれ宗教法人であれ社会生活上の地位に基づいて反復継続的に墓地使用権を販売する点で消費者契約法2条2項の「事業者」に当たります[2]。そこで、墓地使用権の売買契約は通常、消費者と事業者との間で締結される「消費者契約」（同条3項）に当たり、消費者契約法が適用されます。

墓石の購入先を指定石材店に限定する条項が消費者の利益を一方的に害するとして同法10条により無効になるのではないかが問題となります

---

2)　日本弁護士連合会消費者問題対策委員会編『コンメンタール消費者契約法〔第2版〕』31頁（商事法務、2010）

が、指定された石材店が1社しかなく、第三者との契約を不当に制限しているとか、一般の石材店に比べて著しく高価であるとかいった事情がなければ、指定石材店制度自体が消費者契約法上無効とまではいえないと考えられます。

第4章

お墓と管理

114 第4章 お墓と管理

1 改葬と分骨〜改葬①〜

Q 　田舎にあるお墓に入っている父の遺骨を、自分が居住している地域の近くのお墓に移す場合、どのような手続が必要ですか。父の遺骨の全部を移動させる場合と、一部を移動させる場合で違いはありますか。

A 　お父様の遺骨全部をご自身の居住地の近くのお墓に移す場合には、市区町村の許可を得る必要があります（改葬手続）。

　遺骨の一部を別のお墓に移すのであれば、市区町村の許可は不要ですが、現在遺骨が納められているお墓の管理者に証明書を発行してもらうなど、一定の手続が必要です（分骨手続）。

解 説

1 遺骨の移動

　お墓に埋葬した遺体や、埋蔵・収蔵した遺骨を、別のお墓に自由に移動させることはできるのでしょうか。以下、遺骨の全部を移動させる場合と、一部を移動させる場合とに分けて手続をみていきます。

2 遺体・遺骨の全部を移動させる場合（改葬）

　お墓に埋葬した遺体や、埋蔵・収蔵した遺骨の全部を他のお墓に移すことを「改葬」といいます（墓埋法2条3項）。

　墓埋法では、国民の宗教的感情と公衆衛生の観点から、改葬を行うためには、市町村長の許可が必要であると定めています（墓埋法5条1項）。

　ア　上記許可を受けるためには、以下の事項を記載した申請書を、遺骨が現在ある市町村長に対して提出しなくてはなりません（墓埋法施行規則2条1項）。

　　①　死亡者の本籍、住所、氏名及び性別

② 死亡年月日

③ 埋葬又は火葬の場所

④ 埋葬又は火葬の年月日

⑤ 改葬の理由

⑥ 改葬の場所

⑦ 申請者の住所、氏名、死亡者との続柄及び墓地使用者又は焼骨収蔵委託者（以下「墓地使用者等」といいます。）との関係

イ　そして、上記申請書には、以下の書類を添付する必要があります（墓埋法施行規則2条2項）。

① 墓地又は納骨堂の管理者の作成した埋葬若しくは埋蔵又は収蔵の事実を証する書面

② 墓地使用者等以外の者にあっては、墓地使用者等の改葬についての承諾書又はこれに対抗することができる裁判の謄本

③ その他市町村長が特に必要と認める書類

ウ　なお、改葬の場所を記載しなくてはなりませんので、移す先のお墓をあらかじめ用意しておく必要があります。そして、上記申請書に、移す先の墓地の使用許可証・受入証明書などの添付が必要とされることが通常です。

　　また、墓地から遺骨を取り出す以上、墓地の管理者の同意も求めておくべきでしょう。墓地の規則に、改葬について定めがあることも考えられますので、その確認もしておいたほうがいいでしょう。

3　遺体・遺骨の一部を移動させる場合（分骨）

　遺体・遺骨の一部を他の墳墓又は納骨堂に移す行為は改葬には当たらず、「分骨」といいます（墓埋法施行規則5条）[1]。

　分骨手続を行うためには、従来焼骨を埋蔵又は収蔵していた墓地又は納骨堂の管理者から埋蔵又は収蔵に関する証明書の発行を受け、遺骨の移動

---

1)　生活衛生法規研究会監修『新版　逐条解説墓地、埋葬等に関する法律〔第2版〕』33頁（第一法規、2012）

先である墓地の管理者又は納骨堂の管理者に提出することが必要です。詳しくは、本章 Q3 を参照してください。

4　遺骨を管理処分する権限の必要性

　改葬に当たる場合、分骨に当たる場合のいずれであっても、遺骨を移動させるためには、遺骨を管理処分する権限がなくてはなりません。したがって、遺骨の所有者（通常は祭祀承継者となります。5 章 Q8 参照）であるか、あるいはその同意を得た者であることが必要であると解されます。

2　改葬と分骨～改葬②無縁墓からの改葬～

Q　長い間音信不通であった親族が無縁仏として公営墓地に埋葬されていたことが分かりました。どのような手続をとれば、遺骨を引き取ることができますか。

....

A　引取り手がいない遺体については、市町村長が火葬を行い、無縁仏として公営又は寺院の墓地に埋葬されます。この遺骨については、親族であることを証明すれば引き取れる可能性があります。

解　説

1　引取り手がいない遺体の処理

　引取り手がいない遺体には、二つの場合があり得ます。身寄りがなかったり、親族が引取りを拒否している等の事情で、身元は分かっているものの引取り手がいない場合と、そもそも身元が分からない場合です。

　前者の身元が分かっている遺体については、死亡地の市町村長が、埋葬・火葬を行うとされています（墓埋法9条1項）。

　後者のそもそも身元が分からない場合は、「行旅死亡人」として（行旅病人及行旅死亡人取扱法1条2項参照）、遺体の所在地の市町村が埋葬又は火葬するとされています（同法7条）。通常は、遺体の所在地の市町村は、死亡地の市町村と同じと思われますので、手続は基本的に同じです。

2　火葬後の遺骨の取扱い

　火葬後の遺骨の取扱いについては、法律には規定がありません。実務上は、市町村において安置所でしばらく保管した上で、遺族による引取りがなければ、無縁仏として共同墓地に葬られるのが一般的のようです。

3 遺骨の引取り

(1) 無縁仏として共同墓地に葬られた遺骨の引取りについては、理論上は、遺骨の所有権が祭祀承継者にあると考えられますので（5章Q8参照）、祭祀承継者は、墓地の管理者に対して、所有権に基づき遺骨の引渡しを請求できます。

　もっとも、実際上は、祭祀承継者であることまで証明しなくても、相続人であることや、親族であることを示せば、遺骨の引渡しに応じてくれる場合もあるようです。

　遺骨の引取りの手続は、墓地の管理者ごとに区々だと思われますが、少なくとも、遺骨の引渡しを求める方が、運転免許証や健康保険証等で自身の身分を明らかにすること、戸籍謄本等で自身と死亡者との間に親族関係があることを明らかにすることが必要になる場合もあります。

　なお、遺骨を別の墓地に移すことは「改葬」に当たりますので、別途「改葬」の手続も必要になります（本章Q1）。

(2) 市町村によっては、遺骨を一定期間保管した後は、合葬するところもあります。その場合には、合葬後の遺骨の引取りは、事実上できないと思われます。

Q3. 改葬と分骨〜分骨①〜　　119

3　改葬と分骨〜分骨①〜

Q　遠方に住む親戚からお墓に納められている故人の遺骨を分けて欲しいといわれた場合、応じなければならないでしょうか。

　　もし、遺骨を分けることにした場合、どのような手続が必要でしょうか。

A　祭祀承継者が遺骨を分けることを求めている場合や、祭祀承継者ではない者が祭祀承継者の承諾を得て遺骨を分けることを求めている場合には、その求めに応じなければなりません。

　埋蔵又は収蔵されている遺骨の一部を他の墓地等に埋葬することを「分骨」といいます。遺骨が埋葬又は収蔵されている墓地等の管理者から埋蔵の証明書（分骨証明書）の発行を受け、分骨の移動先の墓地又は納骨堂の管理者に提出することが義務付けられています。分骨証明書の取得に際しては、分骨の移動先の墓地又は納骨堂の受入証明書・墓地使用許可証などを求められることもあります。

　これに対し、分けた遺骨の一部を埋蔵又は収蔵せず手元に置いておくような場合（手元供養など）は分骨に該当しません。

第4章

解　説

1　分骨

(1)　分骨の意味

　分骨とは、焼骨（火葬場で火葬を行い、その地方における風俗・慣習に従い、遺族等が骨揚げして骨壺に収めたもの）の一部を他の墳墓又は納骨堂に移すことをいいます。

　これに対して、分けた遺骨の一部を埋蔵又は収蔵せず手元に置いてお

120　第4章　お墓と管理

くような場合（手元供養など）には分骨に該当しません。

(2)　改葬との違い

改葬とは、埋葬した死体を他の墳墓に移し、又は埋蔵し、若しくは収蔵した焼骨を、他の墳墓又は納骨堂へ移すことをいいます（墓埋法2条3項）。

分骨も改葬も他の墳墓又は納骨堂への場所的移動を伴う点で共通しますが、改葬は死体又は焼骨の全部を移動することであるのに対し、分骨は焼骨の一部を移動することをいいます。

2　分骨の手続

(1)　分骨の請求者

遺骨の所有者には管理処分権限があります。遺骨は祭祀承継者に帰属するものと理解されていますので（最判平成元年7月18日家月41巻10号128頁）、祭祀承継者は分骨を請求することができます。

祭祀承継者ではない者が分骨の請求をする場合、祭祀承継者の承諾が必要となります。通常、祭祀承継者が墓地や納骨堂の使用者となっているため、分骨を請求するに際して、墓地や納骨堂の使用者の承諾書類が必要となることが多いでしょう。

(2)　分骨証明書

分骨の手続は次のように定められています（墓埋法施行規則5条1項、2項）。

墓埋法施行規則5条1項、2項

（墓埋法施行規則）

第5条　墓地等の管理者は、他の墓地等に焼骨の分骨を埋蔵し、又はその収蔵を委託しようとする者の請求があったときは、その焼骨の埋蔵又は収蔵の事実を証する書類を、これに交付しなければならない。

2　焼骨の分骨を埋蔵し、又はその収蔵を委託しようとする者は、墓地等の管理者に、前項に規定する書類を提出しなければならない。

3 （略）

　　したがって、他の墓地又は納骨堂に分骨しようとする場合には、焼骨の埋蔵又は収蔵の事実を証する書類（分骨証明書）を取得して、これを分骨の移動先の墓地等の管理者に提出することになります。

⑶　**受入先の証明書等**

　　分骨証明書の取得に際しては、分骨の移動先の墓地等の受入証明書や使用許可書を求められることもあります。

　　分骨の場合には使用申込みができないこととされている（一度も埋（収）蔵したことがない遺骨であることが申込みの条件となっている）墓地等もありますので、注意が必要です。

122 第4章 お墓と管理

4 改葬と分骨～分骨②～

Q 火葬を済ませた後、まだ埋蔵又は収蔵していない遺骨を分けて別々に埋蔵又は収蔵することはできますか。

A 火葬を済ませた後、まだ埋蔵又は収蔵していない遺骨を分けて別々に埋蔵又は収蔵することは分骨に当たります。そのため、分骨の手続を踏むことによって、遺骨を分けて埋蔵又は収蔵することができます。

　なお、分けた遺骨の一部を埋蔵又は収蔵せず手元に置いておくような場合（手元供養など）は分骨に該当しませんので、分骨の手続は不要です。しかし、後日やはり埋蔵又は収蔵したいと考えた場合、火葬から時間が経過していると、分骨証明書の発行が円滑になされない可能性もあります。そこで、分けた遺骨をすぐには埋葬しないとしても、将来埋葬する可能性があるときは、火葬の際に分骨証明書を取得しておいた方がよいでしょう。

解説

1　埋蔵又は収蔵していない遺骨の分骨

　火葬を済ませた後、まだ埋蔵又は収蔵していない遺骨を分けて別々に埋蔵又は収蔵することも「分骨」に該当します（既に埋蔵又は収蔵されている遺骨の一部を他の墓地等に埋葬する場合については、本章 Q3 を参照してください。）。

　これに対し、分けた遺骨の一部を埋蔵又は収蔵せず手元に置いておくような場合（手元供養など）は分骨に該当しません。

2　分骨の手続に関する規定

　分骨の手続については、墓埋法施行規則 5 条に規定されており、墓地等の管理者は、他の墓地等に焼骨の分骨を埋蔵し、又はその収蔵を委託しよ

うとする者の請求があったときは、その焼骨の埋蔵又は収蔵の事実を証する書類を、これに交付しなければならず（1項）、焼骨の分骨を埋蔵し、又はその収蔵を委託しようとする者は、墓地等の管理者に、1項に規定する書類を提出しなければなりません（2項）。したがって、他の墓地又は納骨堂に分骨しようとする場合には、焼骨の埋蔵又は収蔵の事実を証する書類（分骨証明書）を取得して、これを分骨先の墓地等の管理者に提出することになります。

　火葬場での分骨については、同条3項において、火葬場の管理者に同条1項、2項の規定が準用され、「第1項中『他の墓地等』とあるのは『墓地等』と、『埋蔵又は収蔵』とあるのは『火葬』と読み替えるものとする。」とされており、火葬場の管理者は、墓地等に焼骨の分骨を埋蔵し、又はその収蔵を委託しようとする者の請求があったときは、その焼骨の火葬の事実を証する書類を、これに交付しなければなりません。この3項の規定は、平成11年の改正において盛り込まれたもので、それまで認められていなかった火葬場での分骨を公認したものです。

（墓埋法施行規則）

第5条　墓地等の管理者は、他の墓地等に焼骨の分骨を埋蔵し、又はその収蔵を委託しようとする者の請求があったときは、その焼骨の埋蔵又は収蔵の事実を証する書類を、これに交付しなければならない。

　2　焼骨の分骨を埋蔵し、又はその収蔵を委託しようとする者は、墓地等の管理者に、前項に規定する書類を提出しなければならない。

　3　前二項の規定は、火葬場の管理者について準用する。この場合において、第1項中「他の墓地等」とあるのは「墓地等」と、「埋蔵又は収蔵」とあるのは「火葬」と読み替えるものとする。

3　手続

　火葬場の管理者から分骨証明書を取得するためには、火葬の申請の際に証明書の発行を併せて請求します。

前述のように、分けた遺骨の一部を埋蔵又は収蔵せず手元に置いておくような場合（手元供養など）は分骨に該当せず、分骨証明書は不要です。しかし、手元に置いておいた遺骨を後日埋蔵又は収蔵するには、分骨証明書が必要となります。改めて分骨証明書を発行してもらおうとしても、火葬から時間が経っていると、分骨証明書の発行が円滑になされない可能性もあります。分骨証明書の発行を当日に限っている火葬場もあるようです。

そこで、将来、分骨した遺骨を埋葬する可能性がある場合には、あらかじめ火葬時に分骨証明書を取得しておいた方がよいでしょう。ただし、分骨証明書の取得に際して、分骨を埋蔵又は収蔵する墓地等の受入証明書や使用許可書を求められるケースがありますので、あらかじめ埋蔵又は収蔵する墓地等が決まっていない場合には、分骨証明書の取得が困難となることに注意が必要です。

5 手元供養

Q 遺骨の全部又は一部を手元に置いておくことはできますか。

A 手元供養として火葬後の遺骨の全部又は一部を手元に置いておくことは可能です。
ただし、手元に置いた遺骨を将来埋蔵又は収蔵する場合には、注意が必要です。

解 説

1 手元供養

手元供養とは、火葬後の遺骨の全部又は一部を墓地や納骨堂に埋葬又は収蔵せずに自宅等で保管し、故人を偲ぶものです。葬送や供養に対する考え方の多様化や個々の生活上の事情を反映し、年々増加しているといわれています。

2 手元供養の場合手続は不要

手元供養として火葬後の遺骨（これを「焼骨」といいます。）を手元に置くことは特別の手続を必要としません。ただし、「焼骨の埋蔵は、墓地以外の区域に、これを行ってはならない。」とされていますので（墓埋法4条1項）、手元供養の方法が墓埋法に抵触しないよう配慮が必要です。例えば、手元供養と称して自宅の庭に墓を建てて遺骨を埋蔵するような行為は墓埋法に抵触する可能性があります（「個人墓地の疑義について」（昭和27年10月25日衛発第1025号公衆衛生局長回答）を参照してください。）。

3 手元供養している遺骨を墓地等に埋蔵又は収蔵する場合

手元供養をしていた遺骨を墓地や納骨堂（「墓地等」といいます。）に埋葬又は収蔵しようとする場合には、注意が必要です。

126 第 4 章 お墓と管理

　墓地等の管理者は、火葬許可証がなければ、焼骨を埋蔵又は収蔵しては
ならないとされています（墓埋法 14 条 1 項・2 項）。

　遺骨の全部を墓地等に埋蔵又は収蔵することなく手元供養していた場合
には、未使用の火葬許可証が手元にあるはずですので、それを墓地等の管
理者に提出して遺骨を埋蔵又は収蔵することが可能です。

　これに対し、遺骨の一部を墓地等に埋蔵又は収蔵し、残りを手元供養と
していた場合には、既に火葬許可証が使用されています。同じ墓地等に埋
蔵又は収蔵するのであれば、火葬許可証のコピーなどで認めてくれる場合
もあるようですが、まずは埋蔵又は収蔵しようとする墓地等に、どの様な
書類が必要かを確認してください。

　別の墓地等に埋蔵又は収蔵しようとする場合には、「分骨」に当たるた
め、手元供養していた遺骨を埋蔵又は収蔵しようとする墓地等の管理者に
対して、分骨証明書を提出しなければなりません（墓埋法施行規則 5 条 2
項）。

　分骨証明書は、火葬場で発行してもらうことができますが、火葬から時
間が経過しているとこれらの証明書の発行が円滑になされない可能性もあ
ります。将来、手元供養している遺骨を埋蔵又は収蔵する可能性がある場
合には、あらかじめ分骨証明書を取得しておいた方が良いでしょう。

6 お墓からの遺骨の取出しと散骨

Q お墓に納められている遺骨を取り出して散骨したいと考えています。散骨のためにお墓に埋蔵されている遺骨を取り出すには、どのような手続が必要でしょうか。

A 散骨のためにお墓に埋蔵されている遺骨を取り出す行為は、墓埋法上の改葬にも分骨にも当たりませんので、法律上特に手続は必要とされていません。

解 説

1 散骨のために遺骨を取り出す際の法律上の手続

(1) 墓埋法は、「改葬」の定義を「埋葬した死体を他の墳墓に移し、又は埋蔵し、若しくは収蔵した焼骨を、他の墳墓又は納骨堂に移すことをいう。」(同法2条3項) と定めています。

また、「この法律で『墳墓』とは、死体を埋葬し、又は焼骨を埋蔵する施設をいう。」(同法2条4項) と定め、さらに、「この法律で『納骨堂』とは、他人の委託をうけて焼骨を収蔵するために、納骨堂として都道府県知事の許可を受けた施設をいう。」(同法2条6項) としています。

よって、散骨のために遺骨を取り出すのであれば、「他の墳墓又は納骨堂に移すこと」に該当しません。したがって、墓埋法の「改葬」には当たらず、市町村長の許可を得るなど改葬のため必要な手続は不要と考えられます。

(2) 遺骨の全部ではなくその一部を他のお墓等に移動する場合は、改葬ではなく分骨に当たり、分骨手続が必要となります (墓埋法施行規則5条)。

しかし、分骨も、改葬と同じく遺骨の一部を「他の墳墓や納骨堂に移すこと」ですので、散骨のため遺骨の一部を取り出す行為は、「分骨」に当たらず、法律上は特に手続が定められていないと考えられます。

128 第4章 お墓と管理

2 散骨のために遺骨を取り出す際の注意

⑴ 1で述べたことから、散骨のために遺骨の全部を取り出す場合も一部を取り出す場合も、墓埋法との関係では、特に手続は要求されないといえます。

⑵ ただし、遺骨を取り出すためには、遺骨の所有者（通常は祭祀承継者となります。5章Q8参照）であるか、あるいはその同意を得た者であることが必要であると解されます。

　また、お墓から遺骨を取り出すためには、お墓の管理者（霊園、寺院等）との関係も問題となります。墓地使用規約等に記載がある場合は、それに従う必要がありますし、規約に記載がない場合でも、管理者の承諾は得ておくべきでしょう。

　寺院によっては、事実上、散骨のための遺骨の取出しを拒否する場合もあるようです。また、墓地の規則によっては、遺骨が現存しなくなった場合墓地使用権を失うとされているケースもあるようですので注意が必要です。

7 墓地の都合による墓の移動

Q 先祖代々のお墓のある墓地から、古い墓地区画を整理したいので、最近造成した新しい墓地区画に移転して欲しいと言われました。応じなければならないのでしょうか。

A お墓を移転させることは改葬に当たりますので、原則として墓地使用者の承諾がなければ、行うことはできません。ただし、改葬を承諾すべきことなどを求める訴訟が提起され、その請求が認められた場合には、墓地使用者の承諾なしにお墓を移転させることができることとなります。

解　説

1　お墓を移転する際に承諾を得る必要がある者

古い墓地区画から新しい墓地区画にお墓を移転させるには、埋葬された遺体あるいは埋蔵された遺骨を他のお墓に移すことが必要となりますので、改葬に当たり、市町村長の許可が必要となります（墓埋法5条1項）。

市町村長に改葬の許可を受けるためには、必要事項を記載した申請書を提出する必要があり（同法施行規則2条1項）、墓地使用者以外の者が改葬の許可を受けるには、墓地使用者の改葬についての承諾書又はこれに対抗することができる裁判の謄本を添付しなければならないと定められています（同条2項2号）。

したがって、お墓を移転するには、原則として、墓地使用者の承諾が必要とされることとなります。

2　墓地使用者は墓地の申出に応じる義務があるか

墓地の申出に応じてお墓の移転を承諾するかどうかは、基本的には、

墓地使用者が自由に決めてよいと考えられます。

　しかし、東京地方裁判所平成 21 年 10 月 20 日判決（判タ 1328 号 139 頁）では、墓地を経営する寺（宗教法人）が、墓地区画整理事業の一環として行う改葬について市町村長の許可を得るため、改葬を拒絶していた墓地使用者に対し、改葬を承諾し、墳墓等の工作物を撤去して墓地を明け渡すことなどを求めた事案で、墓地使用契約に基づく墓地使用権は、所定の手続に従って決定された寺の墓地区画整理事業に協力する義務の負担という制約を伴うものであり、墓地移転の必要性も認められるから、寺の請求は権利の濫用ではないとして、寺の請求を認めました。

　この判例は、いわゆる寺院墓地について判示したものですが、墓地には、それ以外にも霊園墓地や公営墓地があり、それぞれの墓地の形態に従って墓地使用権の効力等も異なるため、本判決の考え方が全ての墓地にそのまま妥当するものではないと思われます（判タ 1328 号 139 頁）。

　しかし、墓地側には、古い墓地区画を整理することについて、例えば防災上や衛生上の必要性が認められ、墓地側が宗教法人法や使用規則等に則った手続をとり、しかも墓地使用者に対して十分な説明をし、代替地も用意して改葬まで相当な期間を定めている等の事情があるのに対し、墓地使用者には、新しい墓地への移転を拒否する合理的な理由がないというようなケースでは、改葬を承諾すべきことを求める訴訟において、その請求が認められる場合もあると考えます。

8 土地の区画整理

Q 私の家のお墓がある敷地が、市道拡幅のため市の行う区画整理事業の対象地域となり、対象区画内の別の場所へのお墓の移転を求められました。応じないといけないでしょうか。

A お墓の移転に伴って遺骨を移すことは改葬に当たりますので、原則として墓地使用者の承諾がなければ、お墓を移転させることはできません。ただし、改葬を承諾すべきことを求める訴訟が認められた場合には、改葬して墓の移転に応じなければならないこととなります。

解 説

1 土地区画整理事業は、都市計画を策定する場である都市計画区域内の土地について、道路、公園等の公共施設の整備・改善及び宅地の利用の増進を図るため、土地区画形質の変更及び公共施設の新設又は変更を行う事業です（土地区画整理法2条）。公共施設が不十分な区域では、地権者からその権利に応じて少しずつ土地を提供してもらい（減歩）、この土地を道路・公園などの公共用地に充てたり、一部を売却し事業資金の一部に充てたりします。地権者にとっては、土地区画整理事業後の土地の面積は従前に比べ小さくなるものの、都市計画道路や公園等の公共施設が整備され、土地の区画が整うことにより、利用価値の高い土地が得られることになります。

　このような土地区画整理事業は、国（国土交通大臣）や都道府県といった公的な主体が施行するもののほか、宅地について所有権又は借地権を有する個人や、土地所有者らで構成する土地区画整理組合、地権者と民間事業者が共同で設立する土地区画整理会社など民間が施行するものがあります。

2 ご質問の場合のように、市などの地方公共団体が施行する場合には、都市計画事業として施行されますので、その都市計画の決定に当たっては、公告、縦覧、意見書の提出など手続がとられます。そして、「意見書」は利害関係人が提出できるとされていますので（土地区画整理法55条2項）、墓地使用者も利害関係人に該当すると考えます。

　したがって、お墓の移転に応じられない理由があるのであれば、この意見書を提出することによって、墓地使用者であるご質問者が、土地区画整理事業に反対するという意見を述べることができます。

3 土地区画整理事業では、道路、公園、広場などを整備すると同時に安全で使いやすい宅地につくりかえるため、もとの土地の形をなおし、もとの条件に見合うところに配置がえをします。このように、もとの土地に対して新しく置き換えられた土地を「換地」といいます。

　換地がなされる場合には、もとの土地について存した所有権や借地権などの権利が換地上に存続することになりますので、新しい土地をお墓として使用することができます。

　換地処分によってお墓を移転させるに伴って遺骨を新しい墓所に移すことは「改葬」に当たりますので（墓埋法2条3項）、原則として墓地使用者の承諾がなければ、お墓を移転させることはできません。ただし、改葬を承諾すべきことを求める訴訟が提起され、その請求が認められた場合（墓地使用者以外の者が改葬の申請に際して墓地使用者に対抗できる裁判の謄本を添付しこれが許可された場合）には、改葬に応じなければならないこととなります（墓埋法施行規則2条2項2号）。

4 他方、土地所有者の申出又は同意があった場合、換地を定めないことができます（土地区画整理法90条）。換地を定めなかった場合には、従前の土地について存した権利は消滅し、墓地を使用することができなくなります（同法104条1項）。

　ただ、土地区画整理法90条は、「施行者は、換地を定めない宅地又はその部分について地上権、永小作権、賃借権その他の宅地を使用し、又

は収益することができる権利を有する者があるときは、換地を定めないことについてこれらの者の同意を得なければならない。」としているので、墓地使用権もこれらの権利に類すると考えれば、ご質問者が同意しなければ、立ち退きは認められないということになるでしょう。

また、墓地使用権が消滅したとしても、墓埋法の規定により、市町村からの改葬許可には、墓地使用者の承諾又は墓地使用者に対抗できる裁判の謄本がなければなりませんので、これらがなければお墓を移転させることはできません。

しかし、いずれにしても、土地区画整理は、地域住民の公共の福祉に寄与することを目的としていますので、市の計画や換地計画などについて、市との間で話合いを行い、地域住民にとってもご質問者にとってもより良い方法を模索していってください。

第4章

134　第4章　お墓と管理

9　墓地の管理料の値上げ

Q　墓地から管理料を値上げするとの通知が来ましたが、応じなくてはならないのでしょうか。

A　墓地に管理料の改定権があると認められる場合には、条例の定めや利用規約の定めなどに基づく相当な管理料の値上げには応じなければならないでしょう。

解　説

1　管理料についての定め

　墓地の利用に際しては、通常、墓地の管理者や運営者との間において、墓地の使用に関する契約を締結しますが、使用契約や使用規則等に管理料についての条項が定められているのが普通です。

　公営墓地の場合には、霊園条例や規則において管理料について規定されています。

2　管理料の改定権

⑴　公営墓地の管理費の場合には、条例又は規則の改正によって管理料の値上げが可能と解されます。

⑵　民営墓地の管理費については、墓地の使用契約や使用規則等に「社会情勢の変動等により管理料が不均衡になったとき、墓地管理者はこれを改定できる」といった趣旨の規定があることが通常です。こうした規定は、墓地経営者による管理料の改定権を定めたものと解されますので、墓地経営者は改定権に基づいて値上げをすることができると考えられます。

　　ただし、このような規定があれば、物価が変動したらどのような場合でも管理料を値上げすることができるとすると、墓地使用者に著しく不利になります。そこで、改定が可能であるとしても、物価変動等により

墓地の管理に要する費用が賄えなくなった場合（又は確実に見込まれる場合）に、必要かつ相当と認められる範囲内でのみ改定が可能といった形で一定の制約がなされるべきであると考えられます。

　これに対して、墓地の使用契約や使用規則等に管理料の改定条項がない場合には、当然には墓地経営者に管理料の改定権があると解することはできません。しかし、管理料は一般に比較的低額に定められていることが多く、実際の管理に要する費用を賄えていない墓地も多いようです。そこで、墓地の使用契約や使用規則等に管理料の改定条項がない場合であっても、一般法理に基づき、管理料の額、これまでの改定の経緯、管理料設定後の経済情勢の変動等から考えて、管理料が低額に過ぎ、墓地の管理に要する費用が賄えないと認められるような場合には、必要かつ相当と認められる範囲内で管理料の値上げを認めるべき場合もあると考えることができるでしょう。

(3)　一定期間値上げしない旨の特約がある場合には、その期間内は原則として管理料の値上げはできません。

10 墓地の管理料の不払い

Q 墓地の管理料の支払をしばらくしていなかったところ、支払を督促する通知が送られてきました。このまま支払わないでいるとどうなるのでしょうか。

A 管理料の支払を怠っていると、墓地の使用関係が解消されてしまうおそれがあります。その場合、埋葬されている焼骨は合葬墓や納骨堂に改葬され、墓所区画は整理されてしまう可能性があります。また、墓所区画の撤去等の費用についても負担しなければなりません。

解 説

1 使用権の消滅

公営墓地と民営墓地の場合に分けて考える必要があります。

(1) 公営墓地の場合

公営墓地の場合、条例や規則に基づき使用許可を得て墓地を使用することになります。条例等においては、墓地使用者が一定期間（3年から5年が多いようです。）管理料の支払を怠った場合、使用許可を取り消すことができる旨規定されていることがほとんどです（例えば東京都霊園条例21条3号では、管理料を5年間納付しないときは、許可を取り消すことができるとされています。）。

したがって、管理料の滞納が長期に及んでいて取消しの要件を満たす場合には、使用許可が取り消され使用権が消滅する可能性があります。

(2) 民営墓地の場合

民営墓地の場合、墓地の経営者と墓地使用者との契約に基づき墓地を使用することになります。この墓地使用に関する契約において管理料の支払義務が定められている場合、管理料の不払いは墓地使用者の債務不履行となりますので、墓地経営者は、民法の規定に基づき、墓地使用に

関する契約を解除し、墓地使用権を消滅させることができます。

　しかし、墓地使用者は墓地を長年にわたって使用できるとの期待を有しており契約解除はこの期待を奪うものであること、契約が解除されると墓石を撤去し、焼骨を移転させなければならなくなるといった重大な結果をもたらすことなどに照らせば、1回でも管理料の支払を怠れば解除ができるとすることは墓地使用者にとって酷な結果となります。そこで、墓地経営者が有効に解除をなし得るためには、管理料の滞納が相当長期にわたるなど、契約の解除がやむを得ないとみられるだけの事情が必要となると解されます。

　民営墓地の使用契約や使用規則においては、1年から3年の管理料の滞納を契約解除事由として掲げる例が多いようです。これに対しては、契約の解除がやむを得ないとみられるためには5年程度の期間の滞納が必要ではないかとの指摘もあります[2]。したがって、管理料の滞納があって形式的には解除事由に該当しても、滞納期間が短い場合には解除が認められない可能性もあります。

　以上から、管理料の滞納が長期に及んでいるような場合、これを放置すれば契約の解除が認められ、墓地使用権が消滅する可能性が高いといえるでしょう。

2　使用権の消滅に伴う措置

(1)　使用権消滅時の義務

　墓地の使用許可が取り消された場合や墓地使用契約が終了したときは、当然のことながら、墓地使用者であった者は、速やかに墓所内に設置された墓石等を撤去し、墓所内に埋蔵された焼骨を引き取るなどして、使用していた墓所を原状に回復して返還しなければなりません。

(2)　管理者による改葬等

　元使用者等が前項に定める義務を履行しない場合、特に無縁化した場

---

2) 　浦川道太郎「墓地の使用契約ガイドラインの作成」（社団法人　全日本墓園協会、1998）（公益社団法人　全日本墓園協会　http://www.zenbokyo.or.jp/siyoukeiyaku-guidelines/siyoukeiyaku-guidelines.pdf）

合において、いつまでも改葬できないとすると、墓地の有効活用及び安定経営に支障を来すおそれがあります。また、法令上も改葬手続の規定があり、墓地経営者自らが改葬を行うことも想定されています（墓埋法施行規則3条）。

そこで、墓地使用規則において、墓石等を墓地内の所定の場所に移動し、及び法令の規定による改葬手続を経て埋蔵された焼骨を墓地内の合葬墓又は納骨堂に移すことができる旨の規定が置かれていることが通常です。ただし、これを実際に行う場合でも焼骨の取扱いには十分な配慮が必要であると考えられています。

3 費用負担

墓地経営者が墓所の原状回復に必要な措置を採った場合、墓地経営者は、当該措置にかかった費用を元使用者等に請求することができます。条例や墓地使用規則にもこの趣旨を定める規定が置かれていることが通常です。

本来は元使用者等が自ら行うべきところ、度重なる催告にもかかわらずこれを履行しないのは元使用者等の責任であり、これに要した費用を負担しなければならないのは当然のことと考えられます。

11 墓地内における犯罪・いたずら等への対応

Q 墓地内の墓石が何者かによって破壊された場合、誰にどのような請求ができるのでしょうか。

A 墓石の破壊者に対しては、墓石の破壊が故意になされたのであれば刑法上礼拝所不敬罪を問うことができます。また、墓石の破壊が故意又は過失によりなされた場合には、民法上損害賠償請求ができます。

これに対し、墓地の経営者は原則として損害賠償責任を負いませんが、墓地の構造や管理に関する契約内容によっては善管注意義務違反を問うことができる場合もあり得るでしょう。

解 説

1 墓石の破壊者に対して

墓地その他礼拝所は、一般の宗教感情により神聖視され、崇敬される場所です。そのため、刑法では、このような国民の宗教的崇敬ないし死者に対する尊敬の感情を害する行為を処罰するものとして、礼拝所不敬罪（刑法188条1項）を置いています。

よって、墓石の破壊が故意になされたものである可能性がある場合には、警察に被害届を出すなどして捜査をしてもらい、犯人に対して刑法上の処罰（6月以下の懲役若しくは禁錮又は10万円以下の罰金）を問うことができます。

また、墓石の破壊者が判明しており、墓石の破壊につき故意又は過失があるときは、同人に対して民事責任として民法709条に基づいて損害賠償責任を問うことができます。

2 墓地の経営者に対して

墓地の経営者に対して、管理料を支払っているにもかかわらず管理が不

十分であったとして損害賠償責任を問うことができるかですが、通常は損害賠償責任を問うことは難しいでしょう。

　なぜなら、通常、墓地の管理料は、墓地管理の事務費や墓地（墓地使用者の墓地区画以外）の清掃、環境の整備など、墓地の管理に要する費用のために徴収しているものであり、第三者の不法行為を防ぐための警備費用は含まれていません。墓地の多くは、利用者が自由にお墓参りに行けるようにという観点から、誰でも自由に出入りできる構造になっているためです。

　しかし、墓地が、第三者の侵入を防ぐ構造をしていたり、第三者による不法行為を防止するための警備をすることが契約内容になっているような場合には、善管注意義務違反を問うことができる場合もあり得ると考えます。

12 自然災害による被害

Q 　地震や台風などにより隣の墓石が倒壊し自分の墓所の墓石が破壊された場合、誰にどのような請求ができますか。

A 　個別具体的状況からして、隣の墓石が、設置当時発生し得ることが予想された地震や台風に耐え得る安全性を有していなかった場合には、隣の墓地の使用者に対して、墓石が破壊されたことによる修理代金といった損害賠償請求をすることができます。

解　説

　地震や台風といった自然災害により隣の墓石が倒れてしまい、自分の墓所の墓石が損傷するなどの被害が生じることがあります。

　この場合、隣の墓所の使用者にそれによって生じた損害を賠償する責任を問うことができるのかが問題となります。

　民法717条1項は、土地の工作物の設置又は保存に瑕疵があることによって他人に損害を生じたときは、その工作物の占有者及び所有者に損害賠償責任を認めています。

　それでは、どのような場合に瑕疵があるといえるのでしょうか。

　民法717条の瑕疵とは、当該工作物の通常備えるべき相対的安全性を欠くことをいいます。

　地震の場合には、当該工作物が設置された当時通常発生し得ることが予想された地震に耐え得る安全性を有していたか否かを客観的に判断することになります。

　昭和53年に発生した宮城県沖地震により倒壊したブロック塀の下敷きによる死亡事故に関する仙台地方裁判所昭和56年5月8日判決（判時1007号30頁）は、過去50年間において観測された仙台市における地震は

震度 6 以上の地震の観測例がないことから、震度 5 程度の地震が仙台市近郊において通常発生することが予測可能な最大級の地震であったとして、「本件ブロック塀の設置につき瑕疵があったというためには、前記認定のような構造であつた本件ブロック塀が地盤、地質、施工状況等の諸事情に照らして震度『5』の地震に耐え得る安全性を有していなかったことが明らかにされなければならないものといわなければならない。」と判示しました。また、同じく宮城県沖地震による宅地造成工事に関する仙台地方裁判所平成 4 年 4 月 8 日判決（判時 1446 号 98 頁）も、昭和 56 年の判決も引用した上で、「少なくとも震度 5 程度の地震に対して安全性の有無を基準として判断するのが相当であると解する。」として、震度 5 程度の地震に耐え得る安全性があるか否かを基準としました。

　ただし、その後発生した阪神・淡路大震災や東日本大震災では震度 6 や 7 を記録していますので、震度 5 程度の地震に耐え得る安全性があるか否かという判断基準は、どの地域にも当てはまるというものではありません。

　設問の墓石に関していえば、まず、当該墓石がある地域において、どの程度の震度の地震が予測可能かということが問題となります。

　そして、次に、隣の墓石が設置された当時において、予想された地震に耐え得る安全性を有していたかを、個別具体的に検討した上で、墓石の設置に瑕疵があったのか否かを判断することになります。

　台風による墓石の倒壊の場合でも同じことがいえます。参考となるのは、福岡高等裁判所昭和 55 年 7 月 31 日判決（判タ 429 号 130 頁）です。台風で飛散落下した屋根瓦が隣家建物を損傷した事案について、1 審は屋根瓦の設置又は保存に瑕疵がないとしましたが、福岡高裁は瑕疵があるとしました。まず、瑕疵について「台風のため屋根瓦が飛散し損害が生じた場合において、土地工作物に瑕疵がないというのは、一般に予想される程度までの強風に堪えられるものであることを意味し、北九州を台風が襲う例は南九州ほど多くはないが、過去にもあり、当該建物には予想される程度の強風が吹いても屋根瓦が飛散しないよう土地工作物である建物所有者の保護範囲に属する本来の備えがあるべきであるから、その備えがないときには、台風という自然力が働いたからといつて、当該建物に瑕疵ないし

瑕疵と損害との間の因果関係を欠くものではない」とした上で、屋根瓦は秒速14.5メートルのとき既に飛散を始めていたことや、台風による屋根の被害状況が近隣建物と比較して大きいこと等から、瑕疵の存在を認めました。

　設問のように、台風で隣の墓石が倒れた場合は、倒れた当時の台風の強さはどの程度だったのか、周辺の墓石で倒壊しているものはどれくらいあったのかといった具体的状況から判断することになります。

　個別具体的状況からして、隣の墓石が、設置当時発生し得ることが予想された地震や台風に耐え得る安全性を有していたといえない場合には、墓石が破壊されたことによる修理代金といった損害賠償請求を、隣の墓所の使用者にすることができます。

　ただし、仮に瑕疵があった場合でも、地震という自然災害による危険の全てを工作物所有者に負わせることは公平に反するとして、自然災害の損害発生への寄与度を割合的に斟酌し、5割の限度で土地工作物責任が認められた事例があります（神戸地判平成11年9月20日判時1716号105頁）。

　自然災害による被害の発生は当事者に予想が困難であり、また偶発的でもあります。これらの裁判例を参考にして、隣の墓所の使用者とよく話し合う必要があります。

　なお、祖先や故人が眠る墓の墓石を破壊されたということで、慰謝料を請求できないかという点も問題となりますが、物損事故については原則として修理費用等の財産的損害が填補されることによって損害の回復が果たされるのが原則ですので、原則的には慰謝料は認められません。墓石の上にレンタカーが乗り上げ、墓石が倒壊した結果、埋設されていた骨壺が露出される状態になったという事例で、慰謝料として10万円が認められた裁判例（大阪地判平成12年10月12日自保ジャーナル1406号4頁）がありますが、過失の程度や被害の大きさから認められた例外的なケースであると思われます。

13 植木の被害や墓地内における害獣への対処

 ①隣接地の墓地使用者が植栽した木が自分の墓地を汚していた場合、誰にどのような請求ができますか。
②また、供物が置かれていることにより害獣が来て墓地が荒らされることがあるのですが、誰にどのような請求ができますか。

①墓地経営者に汚染されている墓地の状態を伝え、隣接地の墓地使用者に対して墓地の汚染防止のための是正指導をしてもらうことができます。隣接地の墓地使用者に対しても是正措置を請求することができますが、自力救済禁止の観点から、勝手に植木を切除することはできません。

②供物の処理は、基本的には各墓地使用者が行うべきマナーです。ただ、①と同じく、墓地経営者に被害状況を伝え、是正指導をしてもらうことができます。

解説

1 植木について

墓地への植栽は、墓地の規約によって植栽できる高さや植栽できる樹木の種類が制限されている場合がありますので、墓地使用規約をまず確認してください。

もし隣接地の墓地使用者が規約に違反しているのであれば、隣接地の墓地使用者に対して、規約違反の是正を請求することができますし、それによって生じた損害の賠償を請求することもできるでしょう。

しかし、隣接地の墓地使用者に対して請求するのは現実的に難しい場合もあるかもしれません。規約違反があれば、墓地を管理している墓地経営者から、隣接地の墓地使用者に対して、植木を剪定・伐採するなど違反の是正を指導してもらうことができます。なぜなら、管理料を徴収している

墓地経営者は、墓地管理の事務や墓地（墓地使用者の墓地区画以外）の清掃、環境の整備など、墓地の管理をする義務を負っているため、本件のようなケースでも、管理の一貫として墓地使用者への違反の是正指導義務が認められると考えられるからです。

　また、仮に規約に違反していないとしても、隣接地の植木によって墓地が汚されている状態は不法行為（民法709条）に当たりますので、墓地経営者に対して汚染されている墓地の状態を伝え、墓地の汚染防止のため植木を剪定・伐採するなどの是正指導してもらうことができるでしょう。

　ただ、被害を受けている墓地使用者が、隣接地の植木を直接切除したりすることは、自力救済禁止の観点から認められません。民法の相隣関係に関する規定を類推適用して、隣接地の墓地使用者に対して、境界線を越える部分の枝を切除させることができると解されます（民法233条1項）。

2　供物について

　供物の処理は、基本的には各墓地使用者が行うべきであり、お墓にお供えをしてお参りをした後は、立ち去る際に持ち帰るのがマナーです。

　隣接地の墓地所有者が頻繁に供物を放置しており、そのたびに害獣が来て近隣の墓石等に被害が生じている等、供物を放置している行為者が特定でき、しかも被害が生じているのであれば、①と同じく、墓地経営者に被害状況を伝え、是正指導をしてもらうことができるでしょう。

　なお、墓地経営者の取る害獣対策としては、管理人が頻回に回収・清掃作業をするといった方法等が考えられ、そのようにしている墓地もあります。ただ、受領している管理料では人件費が賄えないといった事情から、墓地使用者に供物の持ち帰りを呼びかけるといった対応にとどまる墓地が多いようです。

146　第4章　お墓と管理

14 墓地の境界争い

Q 　隣接する墓地区画の墓地使用者が境界線を越えて囲いを作るなど、私の墓地区画に侵入してきた場合、誰にどのように請求ができますか。

A 　墓地経営者から当該墓地使用者に対して是正指導してもらうことができます。また、所有権に基づく妨害排除請求をしてもらう方法が考えられます。

解　説

1　まず、自分の墓地区画の境界線がどこにあるかを確認する必要があります。

　墓地経営者は、施設の管理者を置き、管理者の本籍、住所及び氏名を、墓地の所在地の市町村長に届け出なければなりません。(墓埋法12条)。

　そして、管理者は、「図面」(同法15条1項)を備えなければならないとされており、具体的には、墓地の所在地、面積、墳墓の状況を記載した図面(墓埋法施行規則6条1項)を置くこととされています。

　墓地使用者は、墓地管理者に対して、備え置かれている図面の閲覧を請求することができ、墓地管理者はこれを拒むことはできません(墓埋法15条2項)。

　また、墓地を購入(墓地使用契約を締結)した際の契約書にも、墓地の所在地や面積が記載されていますし、図面が添付されている契約書もあります。

　墓地使用者は、これらの書類をもとに、ご自分の墓地の境界を知ることができます。

2　墓地区画の境界を確認した結果、隣接する区画の墓地使用者が境界を越えて使用していることが分かった場合に何ができるでしょうか。

管理料を徴収している墓地経営者は、墓地管理の事務や墓地（墓地使用者の墓地区画以外）の清掃、環境の整備など、墓地の管理をする義務を負っているため、本件のようなケースでも、管理の一環として墓地使用者への違反の是正指導義務が認められると考えられます。

よって、もし隣接地の墓地使用者の生け垣など、境界線を越えて侵入してきた場合は、墓地経営者から当該墓地使用者に対して是正指導してもらうことができます。

それでも隣接する区画の墓地使用者が境界の侵害行為を止めない場合、自己の墓地区画の利用が侵害されている墓地使用者自身が取り得る法的措置にはどのようなものがあるかについては、墓地使用権の法的性質から検討する必要があります。

墓地使用権の法的性質については①永代借地権という特殊な権利とする見解（津地判昭和38年6月21日判タ146号174頁）、②慣習上の物権的な権利とする見解（山形地判昭和39年2月26日（下民15巻2号384頁））、③土地の使用貸借契約に基づく使用借権とする見解（仙台高判昭和39年11月16日下民15巻11号2725頁）など諸説あり（芦部信喜＝若原茂編『宗教裁判例百選〔第2版〕』186頁〔大澤正男〕（有斐閣、1991）参照）、その権利内容について確定的な見解がありません。そのため、第三者による墓地使用権の侵害に対して、墓地使用権自体に基づいてどのような措置をとることが出来るかについて有力な見解や先例がないのが実情です。

まず、墓地経営者は墓地の所有権を有していることが通常ですから、墓地経営者から、隣接する区画の墓地使用者に対して、所有権に基づく妨害排除請求をしてもらう方法が考えられます。

そして、墓地使用権という債権に基づいて、所有者である墓地経営者が、隣接区画の墓地使用者に対して有する、所有権に基づく妨害排除請求権を代位行使するという構成も考えられて良いと解されます（民法423条）。

さらに進んで、墓地使用権自体に基づいて、隣接する区画の墓地使用者に対して直接妨害排除請求権を行使することができるかどうかは、明らかではありません。しかし、墓地使用権が、一定の墓地区画を占有することを内容とする権利であること、固定性（官庁の許可によって設定され、容易

148　第4章　お墓と管理

に移動できないという性質）、永久性（民法897条で墳墓所有権が祭祀主宰者に承継され、承継者が断絶しない限り永久に続くという性質）、財産性（祭祀財産とされていることから明らか）を持つといわれていることなどからすれば、今後裁判実務の中で、直接妨害排除請求権を行使することが認められる可能性もあるのではないでしょうか。

15 会計帳簿等の閲覧

Q 墓地使用者が墓地あるいは納骨堂の経営者に対し、閲覧を請求できる書類にはどのようなものがありますか。

A 閲覧請求権については、墓埋法に定めがあるほか、例えば寺院墓地であれば宗教法人法に定めがあり、閲覧請求できる書類や閲覧請求できる要件が異なります。

解 説

1 墓埋法で備え付けるとされている書類等

墓地や納骨堂の経営者は、施設の管理者を置き、管理者の本籍、住所及び氏名を、墓地や納骨堂の所在地の市町村長に届け出なければなりません（墓埋法 12 条）。

そして、管理者は、「図面、帳簿又は書類等を備えなければならない。」（墓埋法 15 条 1 項）とされています。

管理者は、墓地使用者、焼骨収蔵委託者、火葬を求めた者その他死者に関係ある者の請求があったときは、前項に規定する図面、帳簿又は書類等の閲覧を拒んではならないとされています（墓埋法 15 条 2 項）。

具体的には、以下のものが定められています。

(1) 図面

① 墓　地　　所在地、面積、墳墓の状況を記載した図面（墓埋法施行規則 6 条 1 項）

② 納骨堂　　所在地、敷地面積、建物の坪数を記載した図面（同条 2 項）

(2) 帳簿等

① 次の事項を記載したもの（墓埋法施行規則 7 条 1 項）

・墓地使用者等の住所及び氏名

・死亡者の本籍、住所及び氏名（死産の場合は、父母の本籍、住所及び
　氏名）
・死亡者の性別（死産の場合は、死児の性別）
・死亡年月日（死産の場合は、分べん年月日）
・埋葬若しくは埋葬（墓地）又は収蔵（納骨堂）の年月日
・改葬許可を受けた者の住所、氏名、死亡者との続柄及び墓地使用者
　等との関係
・改葬の場所及び年月日
② 財務に関する書類（墓埋法施行規則7条2項）
　当該墓地又は納骨堂の経営に係る業務に関する
・財産目録
・貸借対照表
・損益計算書
・事業報告書等
　なお、財務書類の備付け及び閲覧の義務は、平成11年に行われた墓埋
法施行規則の改正により、新たに規定されました。
　ただ、厚生労働省の「墓地経営・管理の指針等について」（平成12年12
月6日生衛発第1764号厚生省生活衛生局長通知）によれば、備付け義務の対
象となる財務書類は、墓地経営者が実際に作成したものであり、墓埋法施
行規則に規定されている財産目録、貸借対照表、損益計算書及び事業報告
書は例示であるとされています。
　つまり、墓地経営に関する書類の作成義務自体は、他の法令等の定めに
従うものであって、墓埋法施行規則によってそれらの書類の作成義務が課
されるものではないという点で注意が必要です。
　したがって、他の法律によって財務書類の作成義務が免除されている場
合には、そもそも当該財務書類が存在しないため、したがって閲覧もでき
ないことになります。
　また、上記のうち②の財務書類は、あくまでも「当該墓地又は納骨堂の
経営に係る」書類ですので、墓地経営だけではなく他の宗教活動を含む宗
教法人全体の財務書類しか作成されていない場合には、墓埋法上の閲覧請

求権はありません。その場合は、宗教法人法で定める閲覧要件（「閲覧することについて正当な利益があり、かつ、その閲覧の請求が不当な目的によるものでないと認められる者」。宗教法人法25条3項）を満たさなければなりません。

2　宗教法人法で備え付けるとされている書類等

宗教法人の場合、宗教法人の事務所には、次に掲げる書類及び帳簿を備えなければならないとされています（宗教法人法25条2項）。

① 規則及び認証書

② 役員名簿

③ 財産目録及び収支計算書並びに貸借対照表を作成している場合には貸借対照表

④ 境内建物（財産目録に記載されているものを除きます。）に関する書類

⑤ 責任役員その他規則で定める機関の議事に関する書類及び事務処理簿

⑥ 同法6条の規定による事業を行う場合には、その事業に関する書類

ただし、宗教法人法上、上記③のうち、財産目録はどの宗教法人にも作成義務が課せられていますが、貸借対照表は作成が義務付けられておらず、また収支計算書については、一部の小規模法人については当分の間作成義務が免除されています。

作成され、備え付けられた書類については、信者その他の利害関係人であって、当該宗教法人の事務所に備えられた書類又は帳簿を閲覧することについて正当な利益があり、かつ、その閲覧の請求が不当な目的によるものでないと認められる者から請求があったときは、宗教法人にはこれを閲覧させなければならない義務があります（宗教法人法25条2項）。

このように、宗教法人法に基づく閲覧請求の場合は、墓埋法に基づく閲覧請求権と異なって無条件ではなく、制限されています。

152 第4章 お墓と管理

16 墓地の破産

Q 　墓地を購入した後に墓地の経営主体が破産した場合、墓地使用権はどうなるのでしょうか。

A 　墳墓の性質からすれば、仮に墓地経営者が破産したとしても、墓地使用者の権利が保護される方向で解釈される可能性があるのではないかと考えられます。

解 説

1 墓地経営の破綻事例

　墓地は、先祖や親族を祀る場所であり、尊敬・崇拝の対象です。そのため、永続性、固定性、かつ非営利性が求められており、この理念に沿った安定的な経営が、利用者の最も切実な要望です。

　ただ、墓地経営の破綻事例は存在し、厚生労働省の「墓地経営・管理の指針等について」（平成12年12月6日生衛発第1764号厚生省生活衛生局長通知）は、「墓地経営を取り巻く厳しい現状」において、その背景を次のとおり分析しています。

　「最近の墓地経営の破綻事例等をみると、大きく分けて以下の3つの背景があると考えられる。

　第一に、墓地使用権の販売等により一時的に多額の金銭が集まることによる危うさの存在である。これを墓地経営でなく他の事業に回した結果多額の損失を被り、回収不能に陥ってしまうケースや、一時的な収入目当てに他者が経営に介入し、利益を奪い取るようなケースが考えられる。

　第二に、最近では特に金利が低いために、財産の運用が大変難しいことが挙げられる。いわゆるバブルの時期に比較すれば、経営がより難しいのは当然である。

第三に、墓地経営の見通しが難しいことである。もともと長期的な需要を予測することは簡単ではないが、最近では特に少子化、核家族化が進むと同時に家意識も希薄化しており、何代まで墓参に来るか、すなわち無縁化しないかについても予想が立てにくくなっている。

　こうしたことからすると、現在地方公共団体以外の者が墓地を安定的に経営するには大変厳しい状況にあると言えるだろう。経営を行おうとする者及びこれを許可する者の双方がこのことを十分認識しておく必要がある。」

2　墓地経営の許可に関する指針

　墓地等を経営しようとする者は、都道府県知事の「許可を受けなければならない」と規定されています（墓埋法10条1項）。

　上記指針では、「墓地埋葬法による墓地経営の許可は、その後の墓地経営が適切に行われるか否かを決定づけるといっても過言ではないほど重要な意味を持っている。そして、これに見合う権限も許可権者に与えられている。」として、都道府県知事が墓地経営を許可するに際しては安定した適切な運営ができるか否かを審査し、不適切な墓地経営の許可申請については、利用者保護の観点から許可しないよう、墓地経営の許可に関する指針を挙げています。

　例えば、「安定的な経営を行うに足りる十分な基本財産を有していること」「自ら土地を所有していること」「土地に抵当権等が設定されていないこと」「当初から過度な負債を抱えていないこと」「中長期的需要見込みが十分行われていること」「墓地以外の事業を行っている場合には経理・会計を区分するようにすること」などがあります。

3　許可後の経営管理に関する指針

　また、上記指針では、「許可後の経営管理状況のチェックにおいては、経営許可の際に審査した事項につき、それが遵守されているかどうか再度点検することが重要である。」として、許可後の経営管理に関する指針も

挙げています。

　具体的には、「許可の際の条件が守られていること」「墓地以外の事業を行っている場合には、経理・会計が区分されていること」「財務関係書類が作成、公開されていること」「十分な基本財産を有していること」「過度な負債を抱えていないこと」「今後の中長期的な財務状況の見通しが適切であること」などがあります。

4　墓地経営者の破産と墓地使用権

　しかし、仮に墓地経営者が破産した場合、墓地使用権がどうなるのかについては、墓地使用権の法的性質と関わります。

　墓地使用権の法的性質については①永代借地権という特殊な権利とする見解（津地判昭和38年6月21日判タ146号174頁）、②慣習上の物権的な権利とする見解（山形地判昭和39年2月26日（下民15巻2号384頁））、③土地の使用貸借契約に基づく使用借権とする見解（仙台高判昭和39年11月16日下民15巻11号2725頁）など諸説あり（芦部信喜、若原茂編『宗教判例百選〔第2版〕』186頁〔大澤正男〕（有斐閣、1991）参照）、判例上定まっていません。

　ただ、いずれの説をとったとしても、墓地経営者には墓地を使用させる義務が存続しており、他方、墓地使用者には墓地使用権の年会費等の支払義務が存続していますので、双方未履行の双務契約があるといえ、破産法53条が適用されて、破産管財人は契約の解除又は債務の履行を選択することができるものと思われます。

　しかし、墓地使用権は墳墓を所有するために墓地を使用する権利であるところ、墳墓は、固定性（官庁の許可によって設定され、容易に移動できないという性質）、永久性（民法897条で墳墓所有権が祭祀主宰者に承継され、承継者が断絶しない限り永久に続くという性質）、財産性（祭祀財産とされていることから明らか）を持つといわれています（前掲『宗教判例百選』153頁）。

　このような性質からすれば、仮に墓地経営者が破産したとしても、墓地使用者の権利が保護される方向で解釈される可能性があるのではないかと

考えられます。

　破産管財人は墓地を存続させる方向で処理をするでしょうし、またそうすべきでしょう。

　なお、ゴルフクラブの会員の破産に関する判例ではありますが、解除により相手方に著しく不公平な状況が生ずる場合に破産管財人の解除権が否定されるとした最高裁判例があります（最判平成12年2月29日判タ1026号110頁）。

第4章

156　第4章　お墓と管理

17　墓地経営の中止

Q　墓地の経営主体が、墓地経営をやめると言い出した場合、墓地はどのようになるのでしょうか。

A　墓地の経営主体が墓地を廃止するためには、改葬手続が完了していることが必要になりますので、原則として墓地使用者の承諾なくして墓地が廃止されることはありません。ただし、改葬を承諾すべきことを求める訴訟が認められた場合には、改葬して墓の移転に応じなければならないこととなります。

解　説

　墓地経営をやめるには、墓地の廃止手続をしなければなりません。墓埋法10条2項は、墓地を廃止するには都道府県知事の許可を受けなければならないとしています。

　そして、墓地廃止の許可処分は、原則として当該墓地に埋葬された死体又は埋蔵された焼骨の改葬が全て完了した後に行うべきものとされています（昭和44年7月7日環衛第9093号環境衛生課長回答、昭和45年2月20日環衛第25号環境衛生局環境衛生課長回答）。

　すなわち、墓地を廃止するためには、改葬手続が完了していることが必要になります。

　改葬については、詳しくは本章Q1を見ていただきたいと思いますが、改葬を行うにも市町村長の許可が必要となり（墓埋法5条1項）、改葬の許可は、墓地使用者が申請するか、墓地使用者以外の者が申請する場合には墓地使用者の改葬についての承諾書又はこれに対抗することができる裁判の謄本を添付しなければならないと定められています（墓埋法施行規則2条2項2号）。

　以上から、墓地を廃止するためには、原則として、改葬について墓地使用者の承諾を得ることが必要ということとなります。

ただし、墓地使用者に対して改葬を承諾すべきことを求める訴訟が提起され、その請求が認められた場合、墓地経営者は、改葬の申請に際してその裁判の謄本を添付することによって、改葬の許可を受けることができます。したがって、この場合、墓地使用者は改葬に応じなければならないこととなります。

第4章

第5章

お墓と相続

160　第 5 章　お墓と相続

1　相続と祭祀承継

Q　祭祀承継者とは、何を承継し、どのような役割を果たす人なのでしょうか。また、どうやって決めるのでしょうか。

A　祭祀承継者とは、系譜、祭具及び墳墓などの祭祀財産を承継し管理する人です。そして、祭祀財産の権利承継者と祭祀主宰者は密接不可分の関係にあることから、祖先を祭る祭礼を行う祭祀主宰者に指定された人は、当然に、祭祀財産の承継者の地位につくとされています。祭祀承継者は、被相続人から祭祀主宰者に指定された人がなります。指定がない場合は、その地方の慣習によって、慣習も明らかでない場合は家庭裁判所の調停・審判で決められます。

解　説

1　祭祀承継（共同相続原則の例外）

　民法では、被相続人の死亡により被相続人の一身専属権を除く全ての権利義務（財産）を相続人が承継する（民法 896 条）ことになっています。しかし、祭祀財産については、こうした相続の対象とならない（民法 897 条 1 項）とされています。

　これは、祭祀財産が、共同相続つまり共有や分割相続に適せず、原則分割できないものと考えられているからです。祭祀財産を共同相続するとすればいつかは散逸してしまうおそれがあることや、普通の財産と同様に扱うことが国民感情や習俗にそぐわないと考えられたことから、共同相続の例外とされています。

　遺言を作る際に、一般の財産について誰に相続させるという条項を決めるのであれば、祭祀承継者を誰に指定するかという条項も決めることが望ましいと思われます。

2 祭祀財産

祭祀財産、すなわち祖先を祭るために必要な財産として、民法は、「系譜」・「祭具」・「墳墓」の３種類を挙げています。

⑴ 系譜、祭具、墳墓

「系譜」とは、歴代の家長を中心に先祖以来の系統（家系）を表示するもの、すなわち、家系図や過去帳などを指します。

「祭具」とは、祖先の祭祀、礼拝の用に供されるもの、すなわち、位牌、仏壇、仏具、神棚などを指します。

「墳墓」とは、遺体や遺骨を葬っている設備、すなわち、墓石、墓碑、埋棺などを指します。

また、墓石等の所在する土地（墓地）の所有権や墓地使用権も墳墓に含まれます（大阪高決昭和59年10月15日判タ541号235頁）。しかし、墳墓に含まれる墓地の範囲は、墓石などが存在する墳墓と密接不可分な範囲に限られる（広島高判平成12年8月25日判時1743号79頁）とされています。

⑵ 遺体・遺骨

遺体・遺骨のうち、既に墳墓に納められている祖先の遺体や遺骨は、祭祀財産であるお墓と一体的に扱われます。

これに対して、被相続人自身の遺体ないし遺骨については、「物」であるか、誰に「所有権」が帰属するかなどについて、説が分かれています。判例は、祭祀主宰者を所有者としています（本章Q8参照）。

3 祭祀承継者の決定

祭祀財産は、前述のように共同相続の財産には入らず、それとは別に、祖先の祭祀を主宰すべき者がいる場合には、その者が承継するとされています。

⑴ 被相続人の指定

まず、被相続人が祭祀主宰者を指定していれば、その人が承継します（民法897条1項ただし書）。

生前に指定することもできますし、遺言で指定することもできます。

指定の方式に限定はなく、遺言以外の書面や、口頭で指定することも可能です。明示・黙示も問いません（本章 Q4 参照）。

祭祀主宰者の資格には制限がなく、相続人か否か、親族関係の有無、氏の異同なども問いません（大阪高決昭和 24 年 10 月 29 日家月 2 巻 2 号 15 頁）。

ただし、お墓について、都立霊園などでは規則により承継人は「相続人に限る」と定めている場合もあり、注意が必要です。

(2) 慣習

次に、被相続人が指定をしていない場合には、慣習に従って祭祀承継者を決めます（民法 897 条 1 項本文）。

慣習は、被相続人の住所地の慣習を指します。出身地や職業に特有の慣習があれば、それによるとすべき場合もあります。

また、民法の趣旨からみて、家督相続の立場をとっていない現在の民法施行後に新たに育成された慣習を指すものと考えられています（大阪高決昭和 24 年 10 月 29 日家月 2 巻 2 号 15 頁）。

なお、相続人全員が協議して承継者を指定するということも認められるのではないかと思われます。

(3) 家庭裁判所の指定

被相続人の指定がなく、慣習も明らかでない場合には、家庭裁判所が祭祀承継者を定めます（民法 897 条 2 項）。

相続人が家庭裁判所に調停や審判を申し立て、指定を求めることになります。

家庭裁判所が祭祀主宰者を決定するに当たっては、被相続人との血縁関係、過去の生活関係・生活感情の緊密度、被相続人の意思、祭祀承継者の意思及び能力、職業、生活状況等を総合して判断するとされています（大阪高決昭和 59 年 10 月 15 日判タ 541 号 235 頁）（本章 Q2 参照）。

(4) 関係者の協議による指定

民法には、相続人やその他の関係者全員の協議（合意）によって祭祀承継者を定めることができるとする規定はありません。裁判例の中には、被相続人が相続人らの協議によって祭祀承継者を定めることとする

と指定しない限り、相続人らが協議して定めた者を祭祀承継者であると認めることはできないとするものもありますが（広島高判平成12年8月25日家月53巻10号106頁）、民法は関係者の合意によって承継者を定めることを排除した趣旨とは解されないとしてこれを認める裁判例もあります（東京地判昭和62年4月22日判タ654号187頁）。

実際上は多くは関係者間の合意・協議によって決められているのが実情であると思われます。

(5)　**祭祀主宰者は一人に限られるか**

祭祀主宰者は、民法897条の趣旨などから本来一人であるべきものと考えられています。

しかし、特段の事情がある場合に、祭祀財産を二人に分けて承継させた裁判例や、二人を共同の承継者にすることを認めた裁判例があります。

代表的な判例としては、「特段の事情」を認めた上で、祭祀財産のうち、墳墓と、系譜・祭具とを分けて承継させた事例（東京家審昭和42年10月12日家月20巻6号55頁）、2か所の墓地使用権について別々の承継者を定めた判例（東京家審昭和49年2月26日家月26巻12号66頁）、二つの家の墓として代々祭祀を行ってきた墓地の承継者として共同承継者として二人を指定した判例（仙台家審昭和54年12月25日家月32巻8号98頁）が挙げられます[1]。

また、お墓は仏教の寺院墓地にあるが、葬儀は自分の信仰する仏教以外の宗教の儀式で行いたいとして、遺言で葬儀を行う喪主と祭祀主宰者を別々に指定したという例があります。

4　祭祀承継者の地位

祭祀財産の承継には、相続の場合と違って承認や放棄の制度がないことから、承継の放棄や辞退をすることはできません。しかし、それらを承継したからといって、祭祀主宰者が祭祀を主宰する義務を負うわけではありません（東京高決昭和28年9月4日判時14号16頁）。

---

1)　梶村太市『裁判例からみた祭祀承継の審判・訴訟の実務』（日本加除出版、2015)

また、祭祀承継者は、祭祀財産を自由に処分することができると理解されています（広島高判昭和26年10月31日高民集4巻11号359頁）。

お墓に誰の遺骨を入れるかについて、慣習や墓地の管理規則等で制限されていない限り、祭祀承継者が決めることができます。

お墓を承継することは、墓地の使用権も承継することになります。

5　遺産の相続との関係

祭具などの祭祀財産と、他の遺産の相続との関係はどのようになるのでしょうか。

まず、祭具などの祭祀財産は、相続分は遺留分の算定の時に、相続財産に含んで計算されません。相続税の対象にもなりません。

また、相続放棄をした人でも、相続人でない人でも、祭祀承継者となることができます。

さらに、祭祀承継者が祭祀主宰者の立場にあることから当然に、相続財産を増やされたり、減らされたりするということはありません。祭祀主宰を理由に、特別に相続分を与えられたり、当然に他の相続人よりも多くの遺産の配分にあずかるといった権利はないとされた判例（前掲東京高決昭和28年9月4日）があります。

もちろん、被相続人が遺言で、祭祀主宰者の相続財産を増やす又は減らすと定めることは、自由にできます。

6　遺言作成時の注意

遺言を作成する場合、お墓などの祭祀財産の承継は、祭祀承継に関するものとして遺言事項となります。

これに対して、葬儀方法や埋葬方法についての事項は付言事項となります。これらは、たとえ遺言の中に記載しても法的効果は生じません。そのため、自分の希望を尊重してくれる人を祭祀承継者に指定することが重要だといえます。

2 祭祀承継者が決まらない場合

Q 相続人の間で祭祀承継者が決まらない場合、どうやって決めたらいいでしょうか。

A 祭祀承継者について、被相続人の指定や慣習がなく、相続人の間の話合いで決まらない場合には、家庭裁判所が指定することになります。

解 説

1 祭祀承継者の決め方

　民法では、祭祀承継者は、第1に被相続人の指定により、第2に被相続人の指定がない場合には慣習により、第3に慣習も明らかでない場合は家庭裁判所が定めることとされています（民法897条）。

　被相続人の指定の形式には、制限がありません。遺言書による場合のほか、単なる書面による場合でも問題はなく、口頭であってもよいとされています。

　また、被相続人の明示の指定がない場合でも、被相続人の黙示の指定があれば、その指定に従うことになります。

　さらに、被相続人の指定がない場合には、慣習に従って、祭祀承継者が定められます。この慣習とは、戦前の旧民法の慣習を指すのではなく、新民法の施行後新たに育成されてきた慣習を意味するものと解されています（大阪高決昭和24年10月29日家月2巻2号15頁）。また、慣習とは、被相続人の最後の住所地の慣習のほか、被相続人の出身地の慣習、被相続人の職業の慣習を指す場合もあります。現在でも、長男が承継するということが多いかもしれませんが、末子が承継する慣習や家業を継いだ人が承継するという慣習があるとされることもあります。

　さらに、相続人全員が協議して承継者を指定するということも一般に認められるのではないかと思われます。

それでも、祭祀承継者が決まらなかった場合、後述のように家庭裁判所の調停という形で、相続人らや利害関係人による解決が斡旋されることになります。

2　被相続人の指定や慣習で祭祀承継者が決まらない場合

被相続人の指定もなく、慣習で祭祀承継者を定められない場合には、家庭裁判所が指定することになります（民法897条2項）。

その場合は、相続人などの利益関係人が家庭裁判所に調停又は審判を申し立て、祭祀承継者の指定を求めることになります。

⑴　調停手続

祭祀承継者の指定の調停は、相手方の住所地又は当事者が合意で定める家庭裁判所に申し立てることができます（家事事件手続法245条）。

調停が成立し、祭祀承継者が指定された場合には、被相続人の死亡時に遡って、祭祀承継者は祭祀財産や墓地の使用権などを取得することになります。

⑵　審判手続

祭祀承継者の指定の審判は、相続開始地すなわち被相続人の最後の住所地（家事事件手続法190条1項）、又は、当事者が合意で定める家庭裁判所に管轄が認められます（同法66条）。

家庭裁判所は、審判で祭祀承継者として適当だと認められる人を決定することができますが、適当だと認められる人が見当たらない場合には申立を却下すべきであると言われています。

祭祀承継者が決定された場合、家庭裁判所は、当事者に対して祭祀承継者に祭祀財産の引渡しを命じることができます（給付命令。同法190条2項）。

3　家庭裁判所による指定の基準

家庭裁判所が、祭祀承継者を定める場合、どのような基準によるのでしょうか。

判例は、「承継者と相続人との身分関係のほか、過去の生活関係及び生

活感情の緊密度、承継者の祭祀主宰の意思や能力、利害関係人の意見等諸般の事情を総合して」判断するのが相当である（大阪高決昭和59年10月15日判タ541号235頁）としています。

さらに、「祭祀は、…死者に対する慕情、愛情、感謝の気持ちといった心情により行われるべきものであるから、被相続人と緊密な生活関係・親和関係にあって、被相続人に対し上記のような心情を最も強く持ち、他方、被相続人からみれば、同人が生存していたのであれば、おそらく指定したであろう者」である（東京高判平成18年4月19日判タ1239号289頁）という考え方が示されています。

特に、被相続人の推定的な意思、祭祀財産の管理の状態・経緯のほか、他の相続人の意向といった要素が考慮される場合が多いと思われます。

判例としては、相続人である弟妹ではなく20年来生活を共にした内縁の妻を祭祀承継者と指定した事例（東京高決昭和24年10月29日家月2巻2号15頁）、生前生計を異にしていた長男・次男・長女ではなく同居をして共に農業に従事していた次女を祭祀承継者として指定した事例（名古屋高決昭和37年4月10日家月14巻11号111頁）、同居して家業を継ぎ墓地を管理していて、長男以外の相続人も希望している三男を祭祀承継者と指定した事例（大阪高決昭和59年10月15日判タ541号235号）、墓碑の建立者として刻印をさせた次女を、被相続人の意思を推認して承継者として指定した事例（長崎家諫早出審昭和62年8月31日家月40巻5号161頁）などがあります。

第5章

168　第5章　お墓と相続

記載例「祭祀承継者指定の調停申立書」

受付印	家事	☐ 調停 ☐ 審判	申立書　事件名（　　　　　　　）
収入印紙　　　　円	（この欄に申立て1件あたり収入印紙1,200円分を貼ってください。）		
予納郵便切手　　円			（貼った印紙に押印しないでください。）

○○家庭裁判所 御中 平成○年○月○日	申　立　人 （又は法定代理人など） の　記　名　押　印	甲　野　太　郎　㊞

添付書類	（審理のために必要な場合は，追加書類の提出をお願いすることがあります。） 申立人の戸籍謄本　相手方の戸籍謄本　被相続人の戸籍（除籍，改製原戸籍） 謄本　通　不動産の登記事項証明書（墳墓地）	準口頭

申立人	本籍 （国籍）	（戸籍の添付が必要とされていない申立ての場合は，記入する必要はありません。） ○○ 都道府県 ○○市○○町○○番地
	住所	〒○○○-○○○○ ○○県○○市○○町○丁目○○番地○○号　　　（　　　　方）
	フリガナ 氏名	甲野　太郎 　大正・昭和・平成 ○年○月○日生（　　歳）
相手方	本籍 （国籍）	（戸籍の添付が必要とされていない申立ての場合は，記入する必要はありません。） ○○ 都道府県 ○○市○○町○○番地
	住所	〒○○○-○○○○ ○○県○○市○○町○丁目○○番地○○号　　　（　　　　方）
	フリガナ 氏名	甲野　大介 　大正・昭和・平成 ○年○月○日生（　　歳）

（注）太枠の中だけ記入してください。

申　立　て　の　趣　旨

被相続人甲野一郎（本籍○○県○○市○○町○○番地、最後の住所は○○県○○市○○町○丁目○番地○号）の祭祀財産の所有権の承継者を指定する調停を求めます。

申　立　て　の　理　由

1　申立人と、相手方とは、被相続人亡甲野一郎の次男と長男であり、被相続人の相続人は、申立人と相手方のみです。被相続人は、平成○○年○○月○○日最後の住所である○○県○○市○○町○丁目○番地○号で死亡し、相続が開始しました。

2　申立人は、結婚後、被相続人の本籍○○県○○市○○町○○番地の近くである同町内の○丁目○○番地○○号に居住し、長年被相続人の日常生活の面倒をみてきました。
　　一方、相手方は結婚後、海外にも拠点を置きながら生活しています。そのため申立人が祭祀財産を承継することが適切だと考え、相手方に相談したのですが、相手方は、自分が祭祀承継すると主張しています。

3　そこで、祭祀財産の承継者の指定を求めるため、この調停を申立てます。

3 生前に祭祀承継者を指定する方法

Q 相続人の間で祭祀承継者を誰にするか揉めないように するため、生前に祭祀承継者を決めておく方法はあ りますか。

A 祭祀承継者は、生前に、被相続人が指定することができ ます。指定の方法は、口頭による場合、遺言による場合の いずれでも可能です。

明示・黙示も問いません。しかし、後日争いにならないよう に、遺言などの書面で明確に指定することが望ましいといえます。

解 説

1 祭祀承継者の決定

祭祀承継者は、第1に被相続人の指定により、第2に指定がない場合に は慣習により、第3に指定も慣習もない場合には家庭裁判所の指定によ り、定まるものとされています（民法897条）。

被相続人による指定方法について、民法には規定がありません。生前行 為でも遺言でもよく、また、口頭、書面、明示、黙示などどのような方法 でもよく、指定の意思が外部から推認されるものであれば十分だと理解さ れています。

2 後日の争いになりにくい指定方法

被相続人の指定があったかどうか、あるいは時期が異なる二つの指定が あったかなど、指定について争いが生じることを防ぐためには、明確な形 での指定が望ましいといえます。また、書面による指定や、口頭であって も相続人などの関係者に伝わる形で指定をすることが必要です。後日、証 明できるという意味でも、遺言書などの書面によって明示で指定すること が良い方法だといえます。

3　遺言による指定

　遺言による場合、祭祀主宰者を誰に指定するという条項で指定されるのが一般です。祭祀主宰者として指定される人の了解を得る必要はありません。

　さらに、念のため、お墓などの祭祀財産を祭祀主宰者が承継するという条項を加える場合もあります。

　都立霊園などでは、お墓の承継人を「相続人に限る」と規則で定めている場合があります。そのため、相続人がいない人がお寺に事前に了承してもらいお寺を祭祀主宰者と指定したケースがあります。

　なお、祭祀に必要な費用に充てるために、祭祀主宰者として指定した人に預貯金など一定の財産を相続させるという条項を定める場合もあります。すなわち、被相続人が遺言で相続分を増減させることは自由だからです。

　逆に、祭祀承継者であるからといって、当然相続分が多くなるというわけではありません。

　なお、祭祀承継者の指定と区別される「葬儀」や「埋葬方法・納骨場所」についての事項は、遺言事項ではなく付言条項であるため法的効力が生じません。そのため、できる限り自分の希望を実行してくれる可能性の高い人を祭祀承継者として指定することが望ましいといえます。

4　被相続人の指定が問題となった事例

　書面によらなかった場合、どのような行為が被相続人の指定行為だと考えられているのでしょうか。

　被相続人の黙示の指定があるかが争われた事例が参考になります。

①　被相続人が墓碑に建立者として建立費用を負担していない次女の氏名を刻印した場合に、次女に承継させる意思を明らかにしていたと認定した事例（長崎家諫早出審昭和62年8月31日家月40巻5号161頁）。

②　被相続人が後妻の長女に大学進学を諦めさせてまで家業を継がせ、唯一の資産である土地・建物を贈与した場合に、被相続人が祭祀承継者を指定したとした事例（名古屋高判昭和59年4月19日判タ531号

163 頁、家月 37 巻 7 号 41 頁）。

③　被相続人及びその亡父は、亡父が創業した会社の経営の任に当たる
息子に墓地が承継されることを望んでいたと推認できるとされた事例
（東京家審平成 12 年 1 月 24 日家月 52 巻 6 号 59 頁）。

②の事例では、被相続人と生活をともにする後妻の長女に祭祀行為を手
伝わせていたほか、被相続人はことあるごとに第三者や本人に、「（後妻の
長女に）自分の跡を継がせる」、「養子をもらって位牌を守るように」と表
明をしていました。

墓碑に刻印するといった明確で後日残る形での表示行為や、口頭であっ
ても第三者を含めて周囲に分かる形式で繰り返し意思を表明したことが、
被相続人の指定の推認に役立ったといえるのではないでしょうか。

第5章

172　第 5 章　お墓と相続

4　親族以外の者を祭祀承継者と指定することの可否

Q　親族がいない場合、親族以外の第三者（内縁の配偶者、友人など）を祭祀承継者として指定することはできますか。

A　親族の有無にかかわらず、親族以外の第三者を祭祀承継者として指定することは可能です。ただし、墓地使用権の承継に関しては注意が必要です。

解　説

　民法上、系譜（家系図やこれに類するもの）、祭具（仏壇、仏具等の礼拝又は祭祀の用に供するために必要な用具）及び墳墓（遺体や遺骨が葬られている墓碑等）といった祭祀財産の承継に関しては、祭祀財産は「祖先の祭祀を主宰すべき者」（祭祀主宰者）が承継するとされており（民法 897 条 1 項）、他の一般の財産の相続（民法 896 条）とは区別して規定されています。そして、被相続人による祭祀主宰者の指定がなく、それを定める慣習も明らかでない場合には、裁判所が祭祀承継者を定めることになりますが、裁判所が祭祀承継者を定めるに当たっても、「承継者と被相続人との身分関係のほか、過去の生活関係及び生活感情の緊密度、承継者の祭祀主宰の意思や能力、利害関係人の意見等諸般の事情を総合して判断する」とされています（大阪高決昭和 59 年 10 月 15 日判タ 541 号 235 頁）。

　他方において、祭祀財産を承継する祭祀主宰者の指定の方法や、祭祀主宰者となることのできる人の属性や資格に関しての制限は、法律上規定されていません。

　したがって、被相続人の意思が外部から推認されれば足りるため、祭祀主宰者の指定は遺言で行ってもよく、生前に指定することも可能です。また、内縁の配偶者や友人といった親族以外の第三者を祭祀主宰者として指定することも可能です。

ただし、祭祀財産を承継する祭祀主宰者に親族以外の第三者を指定する場合、墓地使用権の承継に関しては注意が必要となります。これは、墓地によっては、管理規則等によって、被相続人の親族であることを墓地承継者の資格として定めている場合があるためです。例えば、都立霊園の場合、墓所を承継できる者は、①祭祀主宰者であること、②原則として使用者の親族等であることが条件とされていますので、親族以外の第三者に墓地使用権を承継させる場合には、あらかじめ墓地管理者などに確認をしておいたほうが良いでしょう。

174 第5章 お墓と相続

5 宗教・宗派の異なる者を祭祀承継者と指定することの可否

Q お墓があるお寺の宗派以外の宗教を信仰している者を、祭祀承継者として指定することはできますか。

A お墓のあるお寺の宗派とは異なる宗派・宗教を信仰する者を祭祀承継者として指定することは可能です。ただし、祭祀財産となる墓地が寺院墓地である場合、祭祀承継者が檀家契約を締結する必要のある寺院があることや、遺骨の埋蔵等に際して、その寺院の方式による宗教的典礼が施行される場合があることなどから、お墓のある寺院や祭祀承継者にその旨を事前に確認したほうがよいでしょう。

解　説

1　祭祀財産の承継

　祭祀財産の承継に関しては、法律上、「系譜、祭具及び墳墓の所有権は、前条の規定にかかわらず、慣習に従って祖先の祭祀を主宰すべき者が承継する。」と規定されています（民法897条1項本文）。したがって、系譜・祭具・墳墓といった祭祀財産は、相続とは異なり、祭祀主宰者が承継することとなります。

　また、法律上、祭祀主宰者となることのできる人の属性や資格に関しては特に規定されていません。そのため、祭祀主宰者の資格に制約はなく、相続人か否か、親族関係の有無、氏の異同は問わないとされています（大阪高決昭和59年10月15日判タ541号235頁）。

　したがって、法律上、お墓があるお寺の宗派以外の宗派・宗教を信仰している者を祭祀承継者として指定することは可能です。

2 寺院墓地の承継

上記のとおり、祭祀承継者の資格に法律上の制限はありませんが、祭祀財産たるお墓を承継した場合には、お墓の存在する墓地の使用規則を遵守する義務も承継します。

寺院墓地（寺院が檀信徒のために経営する墓地）にお墓がある場合、墓地使用規則で、祭祀承継者が檀家契約を締結する必要がある寺院もありますので、その寺院の宗派以外の宗派・宗教を信仰している者を祭祀承継者として指定した場合には、問題が生じます。

また、遺骨の埋蔵に際して施行される読経等の典礼について、お墓のある寺院と祭祀承継者のいずれが希望する宗派・宗教の方式に基づいて行うべきかといった争いが生じる可能性もあります。そして、祭祀承継者が寺院の宗派・宗教に基づく典礼を拒否する場合には、寺院が遺骨の埋蔵を拒否するといった問題にも発展することとなります。

3 裁判所の判断

宗教的典礼について、裁判所は、寺院墓地の墓地使用権は寺院と墓地使用権者との間の檀信徒加入契約に由来する権利であり、共同墓地とは異なって宗教的典礼と密接に結びついていることから、埋葬蔵に際して行われる宗教的典礼については、寺院墓地管理者は自派の典礼を施行する権利を有していると判示しています（津地判昭和38年6月21日下民14巻6号1183頁）。また、最高裁においても、寺院が檀信徒のために経営するいわゆる寺院墓地においては、寺院は、その宗派に応じた典礼の方式を決定し、決定された典礼を施行する自由を有すると判示されています（最判平成14年1月22日判タ1084号139頁）。すなわち、寺院墓地における遺骨の埋蔵の典礼施行に関して、寺院は典礼施行権を有し、この権利は祭祀承継者の希望に優越するとしています。

他方において、寺院墓地であったとしても、墓地使用規則等において埋葬蔵の際の典礼を定めておらず、寺院により従前行われていた典礼が事実上の慣行にすぎない状況において、遺族より無典礼での埋葬蔵を求められた場合には、寺院は無典礼による埋葬蔵を拒否することはできないと判示

し、寺院の典礼施行権にも制限があることを認めた判決があります（東京高判平成8年10月30日判時1586号76頁）。また、墓地使用権設定時において、寺院の定める典礼に従って墓地を使用するという黙示の合意があった場合であったとしても、墓地使用規則による定めがない等の状況においては、その合意の効力は墓地使用権を承継した者にまでは及ばないため、寺院は異なる宗派の典礼の方式を行うことを拒絶することはできるが、無典礼の方式による遺骨の埋蔵を拒絶することはできないと判示した判決もあります（宇都宮地判平成24年2月15日判タ1369号208頁）。

4　まとめ

　お墓のある墓地が寺院墓地であり、その寺院の宗派とは異なる宗派・宗教を信仰する者を祭祀承継者として指定する場合には、遺骨の埋蔵の際に施行される典礼等に関して、お墓のある寺院と祭祀承継者との間で宗派・宗教間の問題が生じる可能性があります。そのため、このような問題を回避するためには、墓地使用規則や遺骨の埋蔵等に際して行われる宗教的典礼の方式を確認するとともに、祭祀承継者として指定する者に対して寺院墓地による典礼等について事前に説明し、了承を得ておいたほうが良いでしょう。

6 お墓の名義変更手続について

Q 父が亡くなり、私がお墓を継ぐことになりました。今後、どのような手続を取ればいいのでしょうか。

A 祭祀承継者となった後の手続は、お墓のある寺院又は霊園等との使用契約（規則）に基づき進めることになります。まずは、お墓のある寺院又は霊園等に手続を問い合わせましょう。

解 説

1 祭祀承継と承継のための手続

祭祀承継は、「被相続人の指定」又は「慣習」により定められ（民法897条1項）、特段の手続等は必要なく、定められた者が祭祀を承継することになります。

他方で、祭祀承継の中でも「お墓」を被相続人から継ぐということは、単に祭祀を承継するというだけではなく、寺院又は霊園等との契約関係を承継することにもなります。そこで、お墓の承継に当たっては、お墓のある寺院又は霊園との間で定められた手続を経る必要があります。

2 寺院又は霊園等ごとに手続が異なる

祭祀承継した者が、寺院又は霊園等との契約関係を承継するための手続は各寺院又は霊園等により異なります。必ず、お墓のある寺院又は霊園等に問合せをしてください。

霊園の場合は次の表に記載されているような書類の提出を求められることが多いようです。

	必要書類
遺言書で祭祀承継者と定められた場合	・使用者の死亡記載の戸籍謄本類 ・遺言書等の原本 ・所定の名義変更申請書など
遺言書で祭祀承継者が定められていない場合	・使用者の死亡記載の戸籍謄本類 ・遺産分割協議書、又は所定の同意書・誓約書等 ・所定の名義変更申請書など

　霊園、特に公営の霊園の場合には、承継手続や承継できる者の範囲が厳しく定められている場合があります。他方で、寺院の場合は後記3記載の檀家の問題さえなければ比較的柔軟に対応してくれるところが多いのが一般的です。

3　寺院の場合〜檀家となる必要があるか〜

　お墓が寺院にある場合、例外的な墓地を除いて、祭祀承継するためには寺院の檀家である必要があるといわれます。檀家になるとはいっても、例外的な寺院を除いて高額な費用を求められるわけではありませんし、先祖を供養していただいている寺院ときちんとした関係を構築することは、あるべき姿ともいえます。

　他方で、自己の信仰との関係などから、どうしても寺院の檀家となることができない場合があり得ます。このような場合、檀家になれない方は、お墓を継ぐことができないのでしょうか。

　この点は、過去に類似の事案（改宗離檀の事案）があり、「当該墳墓の祭祀を司る者が改宗離壇したからと言つて、その者及びその親族の墓地使用権はこれによつて当然消滅するということはできない」（津地判昭和38年6月21日下民14巻6号1183頁）と判示されています。したがって、祭祀承継する場合に、檀家になれないことを理由に寺院が墓地の使用権を剥奪することはできないと考えることもできます。

　したがって、お墓が寺院にある場合、檀家とならないでも墓地を承継することができないわけではないとも考えられますが、①前述の本章Q5記載のとおり寺院の宗派・宗教に基づく典礼を行う必要があること、②お墓

を守っていく意味では寺院との良好な関係が欠かせないことなどから、親族や寺院ともよく相談した上で進めるべきでしょう。

第5章

180 第5章 お墓と相続

7 お墓の承継に伴う費用負担

Q 父が亡くなり、私がお墓を継ぐことになりました。今後、お墓を継ぐに当たって、どのような費用が掛かるのでしょうか。相続税はかかるでしょうか。

A 承継したお墓に相続税は課税されません。
寺院又は霊園等での名義変更費用については各寺院、霊園等に確認する必要があります。

解 説

1 お墓を継ぐに当たっての税務

(1) 相続税について

祭祀承継に伴う「墓所、霊びょう及び祭具並びにこれらに準ずるもの」については相続税の課税価格には算入しないことが定められています（相続税法12条1項2号）。

そして、「墓所、霊びょう」には「墓地、墓石及びおたまやのようなもののほか、これらのものの尊厳の維持に要する土地その他の物件」も含むとされ（相続税法基本通達12-1）、「これらに準ずるもの」には「庭内神し、神たな、神体、神具、仏壇、位はい、仏像、仏具、古墳等で日常礼拝の用に供しているもの」が含まれるとされています（ただし、商品、骨とう品又は投資の対象として所有するものは除外する旨が定められています。）（相続税法基本通達12-2）。

したがって、墓地の所有権や使用権が高額であっても相続税が課税されることはありません。

(2) 贈与税について

他方で、死後承継ではなく、生前承継の場合には相続税ではなく、贈与税の問題となります。贈与税の場合、相続税と異なり、祭祀承継に関する墓所等が非課税となる旨の定めはありません。そのため、生前贈与

の場合は贈与が生じる可能性がないとはいえませんので、高額な墓所等に関する生前贈与を行う場合には税務の専門家に相談することをお勧めします。

2 寺院又は霊園等での名義変更に関する諸費用について

名義変更に関する諸費用は、お墓のある寺院又は霊園等によって異なりますので、本章Q6にて説明をした名義変更手続同様、早めに寺院又は霊園等に確認することをお勧めします。なお、地方公共団体が運営する霊園の場合であれば、墓所の修繕等を行わない場合、名義変更手数料として数千円から数万円程度のところが多いようです。

182　第5章　お墓と相続

8　親族からの遺骨引渡要求

Q　祭祀主宰者として遺骨をお墓に埋蔵又は収蔵し管理している者が、他の親族から自分の管理しているお墓に入れたいとして遺骨の引渡要求を受けた場合、どのような対応が考えられますか。

A　遺骨の所有権は、祭祀主宰者に帰属すると考えられますので、祭祀主宰者としては、遺骨の引渡要求に応じるか拒絶するかを自由に決めることができます。要求に応じる場合は、お墓に埋蔵又は収蔵されている遺骨全部を引き渡す場合（改葬）と、一部を引き渡す場合（分骨）で、墓埋法上は手続が異なります。お墓に埋蔵又は収蔵されていない遺骨について要求に応じる場合は、特に墓埋法上の手続は必要ありません。

解　説

1　遺骨の所有権の帰属

　遺骨の所有権が誰にあるかについて、①相続人にある、②喪主となるべき者にある、③祭祀主宰者にあるという考え方があります。大審院時代の判例には、明示的に①相続人説を採ったものがあります（大判大正10年7月5日民録27輯1408頁、大判昭和2年5月27日民集6巻307頁）。しかし、近時の裁判例、学説は③の祭祀主宰者説を採るものが多いようです。

　最高裁判所平成元年7月18日判決（家月41巻10号128頁）は、被相続人夫妻の養子（唯一の相続人）である原告（被上告人）が、被相続人夫妻と同居していた被告夫妻に対して遺骨の引渡しを請求したという事案において、「本件遺骨は慣習に従って祭祀を主宰すべきである被上告人に帰属したものとした原審の判断は正当として是認できる」としました。この判例は、事案限りの判断を示したにすぎないと考えられていますが、最高裁として初めて遺骨の所有権が祭祀主宰者にあると認めたものとして、注目さ

れています。

2 祭祀主宰者としての対応

(1) 1のように、近時の裁判例、学説の多数は、遺骨の所有権が祭祀主宰者にあると考えています。そうだとすると、祭祀主宰者として遺骨を埋蔵又は収蔵しこれを管理している者は、親族から遺骨の引渡しを要求されても、応じるか拒絶するかを自由に決めることができるといえます。

　遺骨を移すことに応じる場合は、遺骨の全部を移す場合（改葬）と一部を移す場合（分骨）で手続が異なります。

(2) **遺骨の全部を移動させる場合（改葬）**

　お墓に埋蔵又は収蔵されている遺骨の全部を別のお墓に埋蔵又は収蔵する場合は改葬に当たり、市町村長の許可が必要となります（墓埋法5条1項）。そして、許可を受けるためには、必要事項を記載した申請書を提出する必要があり、墓地使用者以外の者が改葬の許可を受けるには、墓地使用者の改葬についての承諾書又はこれに対抗することができる裁判の謄本を添付しなければならないと定められています（墓埋法施行規則2条2項2号）。

　改葬については、4章Q1も参照してください。

　また、墓埋法上の行政手続の他に、墓地・霊園等で必要とされている手続もありますので、そちらもご確認してください。

(3) **遺骨の一部を移動させる場合（分骨）**

　お墓に埋蔵又は収蔵されている遺骨の一部を別のお墓に埋蔵又は収蔵する場合は分骨に当たり、分骨手続が必要となります。

　分骨手続を行うためには、焼骨を埋蔵又は収蔵している墓地又は納骨堂の管理者から、埋蔵又は収蔵に関する証明書の発行を受け、遺骨の移動先である墓地の管理者又は納骨堂の管理者に提出することが必要です（墓埋法施行規則5条）。

　このように、墓埋法の手続上は、祭祀主宰者の同意は特に要件とはされていませんが、2(1)のように、遺骨の所有権は祭祀主宰者にある以上、親族が遺骨の所有者である祭祀主宰者の意思に反して、分骨手続を

行うことはできないと考えられます。

なお、分骨については、4章Q3も参照してください。

また、改葬と同じく、墓埋法上の行政手続の他に、墓地・霊園等で必要とされている手続もありますので、そちらもご確認してください。

3　墓地使用者と遺骨の所有者が異なる場合

上記の説明は墓地使用者が祭祀主宰者として墓地に埋蔵又は収蔵されている遺骨を管理している場合についてのものです。

既に墳墓に納められている古い祖先の遺骨は民法897条の祭祀財産たる墳墓に含まれ、これと一体的に扱われるものとして理解されています。

他方、故人の遺骨等の帰属は、前述のとおり、故人の祭祀主宰者に帰属するという立場が有力です。

そのため、例えば、妻が祭祀主宰者として亡夫の遺骨の所有者となったが、亡夫の実兄が墓地使用者として管理する先祖代々のお墓に遺骨を埋蔵した場合などにおいて、墓地使用者と遺骨の所有者とが分離する結果となることがあります。

裁判例では、故人の実弟が施主として管理する先祖代々のお墓に埋蔵された遺骨について、故人の妻が改葬を目的としてその引渡しを求めたケースにおいて、故人の祭祀主宰者は妻であり、遺骨の所有権は祭祀主宰者にあるとして、故人の妻による遺骨引渡請求を認めたものがあります（東京高判昭和62年10月8日判タ664号117頁）。

9　お墓の生前譲渡

Q 　生前に、お墓の使用権を他の人に継がせることができますか。

A 　お墓のある霊園の管理規則や条例によります。禁止されている霊園もあれば、特別な必要性のある場合、例えばお墓の名義人が墓地の管理維持を履行するには困難な遠隔地に転居した場合などに、認めている霊園もあります。また、認められる場合でも、多くの墓地や霊園では、継がせる相手が親族などに限定されています。事前に管理事務所や寺院に相談することが大切です。

解 説

1　お墓の生前譲渡の制限・禁止

現在、寺院墓地・民営墓地・公営墓地のいずれであっても、生前のお墓の譲渡や転貸を、管理規則や条例で禁止しているところがほとんどです。

それでは、生前にお墓の使用権を継がせることは、絶対に認められないのでしょうか。

お墓の使用権を生前に譲ることについて、民法では、いくつか譲渡できる場合を定めています。その一方で、お墓の使用権の法的性格から自由に認められないという考え方があります。

以下、民法の規定を確認した上で、改めてお墓の使用権の譲渡性について考えてみたいと思います。

2　お墓の使用権の生前承継についての法的理解

⑴　民法の規定の内容

民法は、祭祀承継について、権利者が死亡したことによる承継を予定しています（民法897条）。

すなわち、権利者の生前の指定や、遺言又は慣習によって、権利者の死亡時に、次の祭祀主催者の地位と祭祀財産が承継されることになります。

しかし、民法は、例外的に、二つのケースについて生前に祭祀承継者を変更することを認めています。それは、「離婚」と「養子縁組の取消」の場合です。

まず、民法769条は、結婚で姓を改めた夫や妻が祭祀承継者となった後離婚した場合、協議で改めて祭祀承継者を定めなければならないとしています。そして、協議が成立しない場合には、家庭裁判所が祭祀承継者を定めるとしています。

また、民法769条は、民法808条2項によって準用されていて、養子縁組の取消しの場合にも、同じ取扱いをすべきことが定められています。

(2) お墓の使用権の取得の法的意味と譲渡性

それでは、民法の定める二つの場合以外に、生前に祭祀承継は認められないと考えるべきでしょうか。

お墓を取得するということの法的意味から、お墓の使用権は、生前に自由に譲渡することはできないと理解されています。

すなわち、お墓を取得するということが、墓地の所有権ではなく、寺院や霊園などの墓地所有者との間に締結された永代使用契約に基づく利用権を取得することであるため、墓地使用者の意思だけで使用権を他人に譲渡することができないのです。

そして、多くの霊園で生前譲渡を認めない理由は、祭祀承継者でない人への「名義貸」・「転貸」を禁止するためだといわれています。

すなわち、お墓の権利とは、子孫が続く限り祭祀のために土地を利用でき（「永久性」）容易に移転できないという性質（「固定性」）を持つ土地の永代使用権で、霊園はそうした権利を保証して墓地を管理するものだと考えると、生前の譲渡は認めるべきではないという考えになります。

しかし、実際に生前に承継したいという事情があるのに、全く認めないという考え方も、あまりに固定的な理解です。

適正な墓地の管理に支障を来さない場合には、生前承継を認めるとす

べきでしょう。

そして、そのような理解は、民法769条や808条2項の趣旨にも合致するといえるでしょう。

3　生前譲渡が認められる具体例

(1)　具体例で生前譲渡が認められる場合

実際に生前の譲渡を認めている霊園では、例外的な場合として、①権利者が墓地の維持管理が困難だと認められる遠隔地に居住している場合、②権利者が高齢のため祭祀を承継することが困難になったとき、③権利者が海外移住し、継続して祭祀承継をすることが困難になったときなど、を挙げています。

すなわち、祭祀承継者が、祭祀を主宰することが困難であると認められる場合に、例外的に生前の譲渡を認めていると理解されます。

権利者が祭祀主宰者としての実態を持たなくなっている場合、生前であっても祭祀主宰者の承継を認めることが、かえって、適正な墓地の管理という目的に適うと考えているためと思われます。

なお、生前の譲渡を全く認めていない霊園もあります。

したがって、生前に承継できるかについて、管理規則や条例を調べるほか、管理事務所や寺院と相談することが大切です。

(2)　生前譲渡が認められる場合の条件

生前の承継が認められる場合でも、条件がついている場合がほとんどです。

例えば、①譲渡人と譲受人に双方が合意していること、②墓碑が建立済であること、③納骨済であること、④譲受人が6親等内の血族又は3親等以内の姻族であることなどの条件を満たすことが要求されます。

この点も、管理事務所や寺院に確認をする必要があります。

また、寺院霊園では、通常、譲受人が檀家であるか檀家となることが条件となることも注意が必要です。

188 第5章 お墓と相続

10 お墓の種類と納骨

Q 　同じお墓に入ることができる人はどのような人ですか。①結婚して名字が変わった家族、②内縁関係にある者、③友人は同じお墓に入ることはできますか。

A 　同じお墓に入ることができる人の属性や資格について、法律上の制限はありません。したがって、誰をお墓に入れるかということについては、墓地使用権者が決めることとなります。ただし、各墓地が定めている墓地使用規則等により、遺骨を埋蔵できる者の範囲を親族等に制限している墓地があるため、お墓のある墓地の墓地使用規則等を確認する必要があります。

解　説

1　法律による制限

　墓地における埋葬・埋蔵に関しては、墓埋法13条において「墓地、納骨堂又は火葬場の管理者は、埋葬、埋蔵、収蔵又は火葬の求めを受けたときは、正当な理由がなければこれを拒んではならない。」と規定されているのみであり、一つの墓地に埋葬・埋蔵できる者の属性や資格に関する規定は設けられていません。

　したがって、質問にあるような①結婚して名字が変わった家族、②内縁関係にある者や、③友人といった親族ではない者についても、法律上、一つのお墓に埋葬・埋蔵することは可能です。

2　墓地使用権

　墓地使用権とは、「他人の所有する土地の特定の区域に墳墓を所有し、遺体・焼骨を埋葬蔵する権利」（最判平成8年10月29日判タ926号159頁）であり、遺骨を埋蔵する権利もこれに含まれます。したがって、誰の遺骨をお墓に埋蔵するかという点については、墓地使用権者が決めることとな

ります。そのため、自らが墓地使用権者ではない場合には、遺骨の埋蔵について、墓地使用権者の承諾を得ることが必要となります。

3　お墓の種類

　「墓地」といっても、その経営主体によって、様々な性格の墓地があります（詳細については2章Q2参照）。まず、経営主体が地方公共団体である墓地を「公営墓地」、都道府県知事等から墓地経営の許可を受けた公益法人や宗教法人が経営主体である墓地を「民営墓地」と分類することができます。また、「民営墓地」については、檀信徒加入契約を前提に寺院が檀家のために設置する「寺院墓地」と、宗教や宗派を問わない「事業型墓地」に分類することができます。

4　墓地使用権に内在する制限

　「公営墓地」の場合、墓地使用権者は墓地を経営する地方公共団体の許可によって使用が認められるという立場にあるため、その地方公共団体が定める条例や規則等によって墓地の使用方法等が定められることとなります。また、「民営墓地」の場合は、墓地経営者との間の契約により墓地使用権の設定が行われるため、契約約款の性質を有する墓地使用規則等によって、墓地使用権の内容が定められることとなります。例えば、条例や規則、墓地使用規則等において、墓地に埋蔵・収納することができるのは、原則として墓地使用者の親族（6親等内の血族、配偶者、3親等内の姻族等。民法725条参照）の遺骨に限ると規定されている場合、墓地使用権者がお墓に埋蔵できる遺骨の範囲は、その範囲内に制限されることになります。

　本問の場合、上記のような制限が規定されていたとしても、①結婚して名字が変わった家族に関しては、血族であることに変わりはないため、同じお墓に遺骨を埋蔵することに問題はないと思われます。他方において、②内縁関係にある者や③友人に関しては、親族には該当しませんので、上記制限を形式的に当てはめた場合には、その遺骨をお墓に埋蔵することはできないということになります。しかしながら、厚生労働省の「墓地経

190　第5章　お墓と相続

営・管理の指針等について」に示されている「墓地使用権型標準契約約
款」によれば、埋蔵できる対象者の範囲については、「使用者の親族及び
縁故者」とした上で、個々の墓地によって別の定め方をすることも可能で
あるが、その範囲を著しく制限するような規定は不適切であるとされてい
ます（平成12年12月6日生衛発第1764号厚生省生活衛生局長通知）。また、
都立霊園一時収蔵施設の場合など、条例等において、埋蔵できる者は親族
に限ると規定している場合であっても、手引き等において、親族には内縁
関係にあるものを含むと説明している例もあります。そのため、埋蔵を希
望する遺骨が自らにとって親族同等の特別な縁故がある者の遺骨である等
の事情がある場合には、たとえ上記のような条例や墓地使用規則等があっ
たとしても、遺骨の埋蔵を認めてもらえる場合もあり得ると思われます。

5　最後に

　遺骨の埋蔵に関しては、以上のような制限があるため、墓地使用権者の
意向や、条例や墓地使用規則等を事前に確認する必要があります。

　しかしながら、そもそも自らの死後のことは、自らの手で執り行うこと
はできません。そのため、自分の意思を遺言書等で明らかにするととも
に、その意思を尊重し、希望するお墓に遺骨を埋蔵してくれる人を生前に
定めておく必要があります。ただし埋葬・埋蔵の方法は法定の遺言事項で
はないため、相続人等を法的に拘束することはできません。そのため、法
的な拘束力の下に自らの意思の実現を希望する場合には、自らの希望の実
現を負担とする負担付遺贈や死後事務委任契約といった方法も検討する必
要があります（詳細については1章Q9参照）。

11 遺言と納骨

Q 自分の遺骨の埋蔵場所や埋蔵方法について遺言書に記載した場合、どのような法的効果が生じるのか教えてください。

A 遺骨の埋蔵場所や埋蔵方法の指定は、法定の遺言事項ではありません。そのため、自らが希望する埋蔵場所や埋蔵方法等について遺言書に記載したとしても、その条項に法的な効果は生じません。

解 説

1 遺言事項と付言事項

遺言者が遺言によって行うことのできる法律行為は法律上限定されており、遺言に記載した場合に法的拘束力が生じる事項は「遺言事項」といわれています。他方において、法定の遺言事項以外の事項を遺言に記載したとしても、その条項に法的拘束力は生じません。このような法的拘束力のない事項は「付言事項」といわれています。

2 お墓の承継と葬儀・埋葬蔵の方式

遺言を作成しようという方の中には、相続財産の承継に加え、お墓の承継、葬儀や埋葬・埋蔵等の方式に関して関心のある方が近年多くなってきているといわれています。しかしながら、遺言に記載した事項が遺言事項に該当するか否かによって、その法的拘束力の有無が異なりますので、注意が必要となります。

まず、お墓の承継に関しては、お墓は祭祀財産に含まれるため、祭祀主宰者の指定を行うことによって、祭祀主宰者と指定した者にお墓を承継させることができます（民法897条）。そして、祭祀主宰者を指定する方法については法律上の規定はないため、生前行為でも指定することはできます

が、遺言により指定することも可能です。したがって、遺言者は、遺言において祭祀主宰者と指定した者にお墓を承継させることができます。

　次に、葬儀の方法や埋葬・埋蔵等に関する事項は、法定の遺言事項ではなく、付言事項に該当します。したがって、これらの事項について、たとえ自らが希望する方法等を遺言に明記したとしても、その条項に法的拘束力は生じず、相続人らに対して事実上自らの希望を伝えるという意味しか有しません。

3　遺骨の埋蔵場所や埋蔵方法の指定に法的拘束力を持たせる方法

　そこで、遺言者が希望する埋蔵場所や埋蔵方法等を実行することを負担の内容とする負担付遺贈（民法1002条）という方法を用いれば、受遺者に対して法的に拘束することが可能となります。そして、その負担の履行をより確実にするために、遺言執行者を指定することが考えられます（民法1006条）。

　また、埋葬・埋蔵は、死後間もなく執り行われるものであるため、葬儀や埋葬・埋蔵後に、遺言者が希望する埋蔵場所や埋蔵方法等が記載された遺言書が見つかるという場合も考えられます。このような場合に備えて、寺院や身近な親族等との間で、自らの葬儀や埋葬・埋蔵等を委任事務とする死後事務委任契約を締結するという方法もあります。

12 お墓への副葬品

Q お墓に副葬品を納めることはできますか。できるとして、どのようなものを納めることができますか。

A お墓のある寺院又は霊園等が定める使用規則により異なりますので、まずは寺院又は霊園等に確認しましょう。

なお、副葬品としては、ペットの遺骨が問題になることがありますが上記と同じく寺院等に確認し、相談しましょう。

解　説

1　副葬品～自由に納めていいわけではない～

お墓に関する契約関係は、祭祀承継した者とお墓を所有する寺院又は霊園等との使用契約関係になります。そのため、祭祀承継した者は寺院又は霊園等が定める使用規則に従ってお墓を使用しなければなりません。そこで、副葬品について検討する際には使用規則を確認するため、寺院又は霊園等に早めに問い合わせることが必要です。また、使用規則では副葬品の詳細まで明確に定めていないこともありますので個別に問い合わせる必要があります。

一般的には、寺院は祭祀承継した者が檀家となることもあり、柔軟に対応してくれる場合が多いようですが、霊園の場合、特に公営の霊園の場合は、例外的な取扱いができないため、副葬品については使用規則で限定的に定められ、使用規則の遵守を求められることが多いようです。

2　ペットと納骨について

副葬品について、最も問題となるのはペットの遺骨を副葬品として納めることができるか否かという点でしょう。

墓埋法がペットの遺骨をお墓に納めることを禁止しているとは解釈できませんので、問題となるのは寺院又は霊園等が定める使用規則の内容と解

釈です。

ペットを飼う方にとっては、ペットの遺骨をお墓に入れることには抵抗がない方が多いかもしれませんが、ペットを飼われない方の中には犬や猫と同じ墓地に入るのは嫌だと考える方がいるのが現実です。そのため、寺院又は霊園等ではペットの遺骨を副葬品として納めることができないことになっているのが一般的です。使用規則に明確に定めていない場合でも「使用目的の範囲外」などとしてペットの遺骨を拒否することがあります。

しかし、近年は民営の霊園を中心に、墓地を供給する側でも、「ペットの供養を考えたい」、「ペットと一緒にお墓に入りたい」という方の希望を受けて、通常の墓地とは別に、ペットの遺骨を人間の遺骨と一緒に納めることができる墓地を用意している民間の霊園も多いようです。

3 実際にペットと一緒にお墓に入るのか

では、実際にペットの遺骨を納めることができる場合で、ペットの遺骨を人間の遺骨と一緒に納めるケースが多いかというと、そうではないようです。強い希望を持っている方を除いては、ペットの遺骨は副葬品としては納めずに、寺院又は霊園内に設置されたペット用の納骨堂や合祀墓で納骨・供養して、副葬品はペットの遺骨以外の物を選ぶケースが多いようです。

先祖代々受け継いできたお墓も、新しく購入したお墓も、現在の祭祀承継者のためだけのものではなく、今後受け継いでいく方のものでもあります。そのため、既にお墓に入っている方や、将来の祭祀承継者にとって、ペットの遺骨を納めることをどう評価するかはよく考えて、判断されている方が多いのではないでしょうか。

実際にペットの遺骨を納める場合は寺院等ともよく相談した上判断されることをお勧めします。

参考資料

196　参考資料

〈墓地使用権に関する主な判例一覧〉

No	裁判年月日／事件名／裁判結果	出典	権利関係／事案の概要	
1	大判昭 5.7.14／墓地使用権確認及び石垣撤去請求事件／破棄差戻	民集 9 巻 730 頁	・上告人（原告）：大正 12 年 5 月 10 日に墓地の経営管理者である寺院より本件墓地 2 坪との使用権を得た者。 ・被上告人（被告）：昭和 3 年 4 月 20 日に本件墓地の四方に高さ 1 尺 5 寸程の石垣を作り、その中に同じ高さの盛り土をした者。 事案概要：上告人が、墓地の経営管理を行う寺院は墓地所有者である横浜市の妨害排除請求権に代位して石垣・盛土の撤去を被上告人に対して求めることができる権利があり、上告人は当該権利に代位できるとして、被上告人に石垣等の撤去を求めた。これに対して、被上告人は、大正 10 年 3 月 10 日に本件墓地の使用権を取得したことを理由として横浜市の所有権を侵害せず、上告人の墓地使用権を侵害していないと主張・反論した。	
2	大判昭 9.7.12／土地明渡請求事件／破棄差戻	民集 13 巻 1372 頁　判決全集 12 巻 6 頁	・上告人（原告）：墓地共有者ではなく、下記協定によって一区画の墓地使用権を取得した者。 ・被上告人（被告）：墓地共有者ではなく、下記協定によって一区画の墓地使用権を取得した者。 事案概要：某村の居住者の共同墓地。村の居住者 28 名の共有の保存登記あり。茨城県が大正 12 年頃、当該墓地に対して整理命令を出し、4 名が整理委員に委嘱され、村民と協議した結果、大正 12 年 7 月に各自の使用する場所を特定し、相互にその範囲を侵さないよう協定した。大正 15 年 8 月に被上告人が亡くなった母を上告人が墓地使用権を有する区画内に埋葬してしまったため、上告人が母の死体及び棺その他附属物一切を収去し、土地を明け渡すよう訴えた。	

墓地使用権に関する判旨のポイント	墓地類型／その他備考
・大審院では、債権者代位権に関する判旨中で、「上告人は寺院に対し転貸借契約に依り本件墓地を使用することを得しむべき債権を有する」とし、墓地使用権を「債権」として判示した。 ・控訴審である横浜地裁（第一審は横浜区裁）は、「墓地使用権は使用権者が一定の料金を支払い土地の所有権者又は其の使用権を有する管理人に対し一定の墓地を使用せしむることを請求し得べき債権の性質を有する一種の財産権なりと認むるを相当とする」と判示している。	・公営墓地型（ただし、経営管理は寺院） ・墓地使用権自体に物権的性質や妨害排除請求権を認めた判例ではなく、墓地所有者の所有権に基づく妨害排除請求権を代位（代位の代位）をするために前提となる権利（債権）として、墓地使用権の性質・内容を判示しているといえる。
大審院では、本件墓地を入会権又は入会権類似の権利と捉え、各墓地使用権者は、各割当てられた区域に対しては排他的に永久之を独占使用すべき権利を有する旨を判示している。また、その上で、大審院では、公益の観点からの、墓地所有権及び墓地使用権の制約可能性を示している。	・集落営墓地型 ・債権か物権かは明示されていない。

No	裁判年月日／事件名／裁判結果	出　典	権利関係／事案の概要	
3	津地判昭 38.6.21／墳墓地妨害排除請求事件／請求棄却	判時 341 号 19 頁判タ 146 号 174 頁下民 14 巻 6 号 1183 頁	原告：昭和 3 年頃、被告の承認を得て被告が経営する墓地内に先祖代々の墳墓を設置し、使用してきた者。 被告：甲宗派に属し、墓地を経営管理する寺院。 事案概要：昭和 33 年 6 月頃、原告が被告に対して、改宗したことを理由に離檀の通知をした。また、原告は、同年 8 月 14 日に原告の息子の妻が胎児を死産したので、被告に埋葬蔵を依頼したが、改宗・離檀を理由に被告が埋葬を拒否したため、原告が、被告は原告の埋蔵行為を妨害してはならない（埋蔵に際して被告はその宗派による典礼をも行ってはならない）よう訴えた。	
4	仙台高判昭 39.11.16／墓石収去土地明渡等請求控訴事件／控訴棄却（墓地使用権設定契約を解除できない）	下民 15 巻 11 号 2725 頁	控訴人（原告）：墓地を所有・経営管理する寺院。 被控訴人（被告）：原告の檀徒ではないが、本件訴訟が提起されるまで、被告の墓地に墳墓を設置し、代々で墓地を無償使用してきた者。 事案概要：原告が、昭和 34 年 4 月に墳墓設置者約 200 名に対し、墳墓地賃貸借契約の締結を求め、そのうち、①約 140 名との間で 1 度限りの冥加料の支払い及び毎年の布施行為をする旨の契約を締結し、② 15 名との間で墓地を売買する契約を締結したが、被告ら 4 名が何れの契約締結にも応じなかったため、原告が墓石収去と墓地使用料相当額（不法占拠による損害賠償）の支払いを求めて訴えた。	
5	仙台地判昭 43.3.4／墳墓移転等請求事件／請求認容	下民 19 巻 3・4 号 119 頁	原告：墓地を所有・経営管理する宗教法人。 被告：本件墓地に墳墓を設置していた原告の檀徒。 事案概要：原告が当該墓地を共同墓地方式に切り替えるべく、関係ある従前の墳墓の檀徒に改装を求めたところ、5 名（被告ら）が改装移転に応じなかったため、原告は墳墓移転等（移転及び明渡）を求めて訴えた。	

墓地使用権に関する判旨のポイント	墓地類型／その他備考
墓地使用権について、①檀徒加入「契約」に由来するとした上で、②墓地使用権は固定性、永久性を有すべき墳墓と同様に永久性を持つべきものであるとして、③檀徒加入契約（墓地使用権設定契約）もかかる性質を有するものとして設定されたものと言える、寺院墓地は永代にわたり墓地の使用を許さなければならないという負担を設定契約の当初から背負っている、改宗・離檀したからといって墓地使用権は当然に消滅するということはできない等と判示している。	・寺院営墓地型 ・契約に由来する権利 ・墓埋法13条の埋蔵を拒絶する「正当理由」があるか、という争点の中で、墓地使用権の性質が判示されている。 ・左記③のように判示しつつ、墓地使用権は、あくまで墳墓を設定する権利であり個別の埋葬蔵については寺院の承諾が必要であるとも付言している。 ・左記③のように判示しつつ、その埋葬蔵に際して行われるべき宗教的典礼にうちては、当該寺院墓地の管理者は自派の典礼を施行し得る権利を有しているとし、異宗の典礼の施行を条件とする依頼や、無典礼で埋葬蔵を行うことを条件とする依頼に対しては、寺院墓地管理者は自派の典礼施行の権利が害されるということを理由としてこれを拒むことが可能であり、当該拒絶には正当な理由がある、としている。
墓地使用権につき、①存続期間の定めのない使用貸借契約に基づく権利としつつ、②墳墓の永久性に基づき、特段の事実がない限り、一般に民法599条の適用を排除する特約が存するものと解すべきとして、墳墓が存置されている限り契約に定めた目的による使用収益は終わっていないと解すべきは当然として、③民法594条3項等の一定の解除事由がない限り、貸主（寺院）は一方的使用貸借契約を解除することはできない、と判示した。	・寺院営墓地型 ・使用貸借契約（＋特約） ・第1審である山形地判昭和39年2月26日（判時369号34頁）では、墓地使用権の性質を「慣習法上の物権」と判示している。
墓地使用契約関係は、墓地所有者・経営管理者（原告）の規制の下に檀徒が区域を限って冥加料その他講費を納めて期限の定めなく墓地の使用を認められているとした上で、経営管理上その必要がある場合は、それが法令・条理・慣行に違背しない限り、正規の機関決定を経た墓地所有者・経営管理者（原告）の指示に従うべき無名の使用貸借契約である、と判示した。	・霊園墓地型 ・使用貸借契約 ・他の裁判例と比べて、墓地使用権の永久性・固定性に配慮されていない結論となっているように思われる。

200　参考資料

No	裁判年月日／事件名／裁判結果	出　典	権利関係／事案の概要	
6	岡山地判昭 44.2.13／墓碑撤去並びに損害賠償等請求事件／一部認容（墳墓・墓碑等の収去、敷地明渡は認容）	判時 567 号 72 頁	原告：同族墓地として利用されていた土地の所有者。 被告：当該土地上に墳墓を設けていた者。原告とは同族。 事案概要：被告が原告の要請に応え昭和 43 年 1 月 14 日付郵便で墳墓・墓碑の収去、敷地明渡の意思表示をしたにもかかわらず、実行されなかったため、原告が墓碑等の収去と損害賠償請求を求めて訴えた。	
7	東京高判昭 46.9.21／墓地明渡請求事件／控訴棄却	判時 644 号 56 頁 判タ 644 号 56 頁 高民集 24 巻 3 号 344 頁 東高民時報 22 巻 9 号 175 頁	控訴人（原告）：墓地を所有・経営管理する寺院。 被控訴人（被告）：控訴人から墓地の無償使用を許可された寺院から、その墓地の一部（本件土地）について永代使用することを認められた別寺院。 事案概要：控訴人から無償使用を許可されていた寺院が、本件土地以外の墓地を使用許可から約 60 年後に控訴人へ返還した後、控訴人から被控訴人に対して墳墓地明渡請求がなされた。	
8	福岡高判昭 59.6.18／建物収去土地明渡等請求控訴事件／一部取消認容（上告）	判タ 535 号 218 頁	控訴人（原告）：被控訴人（寺院）の檀徒であり、被控訴人の寺境内に隣接する土地（本件土地）を先祖代々共葬墓地として利用してきた者。 被控訴人（被告）：寺院。 事案概要：被控訴人が本件土地の周辺が繁華街化したため、控訴人の墳墓以外の本件土地の寺院建物・墳墓等を撤去して、跡地にダンスホール（本件建物）を建築し、墳墓の美観を害し、参拝を妨害し、ゴミ捨て・放尿等の恰好の場所とした。そのため、控訴人が、本件土地の所有権（共有持分）に基づく妨害排除請求及び不法行為責任（慰謝料）を第一審で求めた棄却されたため、控訴審で予備的に墓地使用権を主張した。	

墓地使用権に関する判旨のポイント	墓地類型／その他備考
墓地使用権につき、主に、①民法施行前から慣習法上認められていること、民法施行後も同一内容で慣行として認められていること、②墳墓等の所有権は慣習法上、祭祀主催者に承継され永久的に崇拝対象となることを理由に、③物権に類似した権利である、と判示した。	・血縁関係にある同族集団が利用していた同族墓地（村営型墓地に近いと思われる） ・物権又は物権に類似した権利 ・左記の前提として、墓地使用権が一種の私法上の契約から発生するものであると解されるも、これを規律する具体的な私法規定は存在せず、その内容は依然として慣習法によって規律されているものであることは否定できない、とも判示している。
墓地使用権につき、①存続期間の定めのない地上権（物権）と判断した上で、②本件土地が墳墓として使用されていること、被控訴人が本件土地を使用するに至るまでの事情、交渉経緯等の個別事情を考慮し、③地上権の存続期間を民法施行後50年を選択した上で、右期間を経過した時点から黙示に更に50年の地上権が設定されたとするのが相当、と判示した。	・寺院営墓地型 ・地上権 ・他の裁判例と異なり、永久性、固定性という表現は判示には存在しないが、これらの要素は事実上、結論を導く上で加味されていると思われる。
墓地使用権とは、「墳墓の所有者が、その所有目的を達するために、他人の土地を固定的、永久的、かつ、支配的に使用する物権的権利であり、民法施行前から慣習法上認められ、それが民法施行後もそのまま民法施行法37条に定める登記を経ることなく同一内容をもって依然社会の慣行上認められてきたものである」と判示し、妨害排除請求権を認めた。	・寺院営墓地型（と思われる共葬墓地） ・物権的権利 ・墓地使用権の妨害排除請求権を明示的に認めた裁判例である。

No	裁判年月日／事件名／裁判結果	出 典	権利関係／事案の概要
9	東京地判平 2.7.18／墓地明渡等請求事件／一部認容	判タ 756 号 217 頁	原告：父親が大正 13 年、14 年頃、当時の所有者から本件墓地及び墓地證券を譲り受け、父親が亡くなり両権利を承継した者。 被告：昭和 58 年 7 月頃から秋頃にかけて、墓石所有者である原告の承諾なく、石材店に依頼し、墓石を搬出し、墓石の家名の文字等を削り取り、違う文字を刻み、元の位置に戻した。 事案概要：上記事実を知った原告が、本件墓地に設置された柵等の工作物の撤去、本件墓石の所有権確認及び不法行為責任（墓地所有権・墓地所有権の侵害）を求めた。
10	仙台高判平 7.11.27／墓収去墓地明渡・焼骨入骨壺収去請求控訴事件／控訴棄却	判時 1565 号 115 頁 判タ 905 号 183 頁	控訴人（原告）：墓地を経営管理する寺院。 被控訴人（被告）：寺院の檀徒だったが、その後、離檀届を提出した者。 事案概要：被控訴人が離檀届提出後、父親の葬儀をやむを得ず、別の寺院住職に依頼して自宅で行った。その後、焼骨入骨壺を本件墓地に埋蔵しようとしたが、控訴人が埋火葬許可証・小俵料の受領を拒否した。これに対して、被控訴人は、控訴人が施した納骨堂における紙封印を破棄し、骨壺を埋蔵したところ、控訴人が墳墓収去・焼骨の撤去を求めて訴えた。

墓地使用権に関する判旨のポイント	墓地類型／その他備考
墓地使用権につき、「民法施行以前から継続する固定的、永続的な特殊の使用権であるものと認められる。」「このような墓地使用権については、その永続性や墳墓に対する尊厳性を維持するために、これが第三者により侵害されたときには、慣習法上物権に準ずるものとして、その排除を求めるための権利（妨害排除請求権）が認められているものと解するのが相当である。」と判示し、妨害排除請求権を認めた。	・寺院営墓地型 ・慣習法上の物権に準じるもの ・墓地使用権の妨害排除請求権を明示的に認めた裁判例である。 ・本件の主たる争点は事実認定の問題であった。
墓地使用権につき、本件墓地が控訴人（原告）から檀徒であった被控訴人（被告）に分譲（ただし、所有権移転登記及び土地の分筆はされていない）されたという認定事実に鑑みれば、一般の寺院墓地において、墳墓の所有者が、共葬墓地につき、当該寺院の檀信徒その他これに類する何らかの関係が存続する限り、墳墓所有のために特定の区域の土地を固定的・永久的に使用し得るという内容の権利、すなわち、慣習法上の墓地使用権であると解するのが相当である、と判示した。	・寺院営墓地型 ・墓地使用権を永代使用権とした上で、永久性を持つ「慣習法上の権利」としている。なお、物権という表現はしていないが、「慣習法上」という表記からは、物権的な構成と解される。 ・改宗の意思表示と墓地使用権の消滅については、改宗の意思表示をしたり、自派の定めによる典礼を受けないで埋葬したからといって、永代使用権の消滅を主張することはできず、改宗離檀の表明や他宗教からの典礼を受けたことが、真に信仰上、宗教上の考え方や立場が変わり、寺院との関係を断ち切ろうとする意思の懲憑であることが明確になった段階で消滅するとしつつ、本件ではその段階ではないとした。 ・寺院の墓地管理権に基づく典礼を受けなかった焼骨の収去請求権については、既に埋蔵しているかどうかで結論を分ける判示をしている。

監修・執筆者一覧

監修者

中根　秀樹（なかね　ひでき）　　ヴェリタス法律事務所（東京弁護士会）

編集・執筆代表者（50音順）

鵜澤亜紀子（うざわ　あきこ）　　藤田謹也法律事務所（東京弁護士会）

関口　康晴（せきぐち　やすはる）　西村・町田法律事務所
　　　　　　　　　　　　　　　　（第一東京弁護士会）

塚田耕太郎（つかだ　こうたろう）　塚田法律事務所（第一東京弁護士会）

執筆者（50音順）

阿久津匡美（あくつ　まさみ）　　弁護士法人　内田・鮫島法律事務所
　　　　　　　　　　　　　　　　（第二東京弁護士会）

綾部　薫平（あやべ　くんぺい）　しぶや総和法律事務所
　　　　　　　　　　　　　　　　（第一東京弁護士会）

井手　大展（いで　ひろのぶ）　　小林・福井法律事務所（東京弁護士会）

遠藤　啓之（えんどう　ひろゆき）　田島・寺西・遠藤法律事務所
　　　　　　　　　　　　　　　　（東京弁護士会）

岡村　　崇（おかむら　たかし）　岡村法律事務所（東京弁護士会）

川村　拓矢（かわむら　たくや）　川村拓矢法律事務所（東京弁護士会）

木下真由美（きのした　まゆみ）　木下国際法律事務所（第一東京弁護士会）

張　　佑騎（ちょう　ゆうき）　　弁護士法人　ノーサイド法律事務所
　　　　　　　　　　　　　　　　（第一東京弁護士会）

手打　寛規（てうち　ひろのり）　馬場・澤田法律事務所（東京弁護士会）

西原　正騎（にしはら　まさき）　インテグラル法律事務所（東京弁護士会）

山本　宏子（やまもと　ひろこ）　船橋総合法律事務所（千葉県弁護士会）

NPO 法人（特定非営利活動法人）
遺言・相続リーガルネットワークとは

　遺言・相続問題、死後事務問題などの解決を求める市民に対して、遺言の作成や遺言の執行をサポートする弁護士などの専門家を紹介することによって、問題解決の支援を行うとともに、遺言、相続、遺言信託、福祉信託、事業承継、渉外相続といった分野に関する研究・普及活動を行うことを目的として設立された団体です。

　高齢社会が急速に進行するわが国における、遺言・相続、死後事務問題等の紛争解決に対する社会的ニーズの増大に応えるべく、日本弁護士連合会に設置された弁護士業務総合推進センター遺言信託プロジェクトチームにおける研究の結果、そのメンバーである弁護士有志によって平成 20 年に設立されました。

　現在、27 の弁護士会と協定を締結するとともに、全国で約 450 名の弁護士が設立趣旨に賛同して、その活動に参加し、また活動のサポートを行っています。

　遺言・相続問題、死後事務問題などの解決を希望する市民に対して、無償で弁護士を紹介するシステムを採用しています。

　　主たる事務所：〒 100-0004
　　　　　　　　　東京都千代田区大手町 1 丁目 7 番 2 号
　　　　　　　　　東京サンケイビル 25 階

　　電 話 番 号：03-3272-7271
　　　　　　　　　（受付時間：平日 9：30〜17：30）

　　ホームページ：http://yuigonsozoku.org/

　　　　E-mail：info@yuigonsozoku.org

お墓にまつわる法律実務
埋葬／法律／契約／管理／相続

2016年10月31日　初版発行
2025年3月17日　初版第5刷発行

編　著　NPO法人　遺言・相続リーガルネットワーク

発行者　和田　裕

発行所　日本加除出版株式会社
本　社　〒171-8516
　　　　東京都豊島区南長崎3丁目16番6号

組版　㈱アイワード　印刷・製本　京葉流通倉庫㈱

定価はカバー等に表示してあります。
落丁本・乱丁本は当社にてお取替えいたします。
お問合せの他、ご意見・感想等がございましたら、下記までお知らせください。

〒171-8516
東京都豊島区南長崎3丁目16番6号
日本加除出版株式会社　営業部
電話　03-3953-5642
FAX　03-3953-2061
e-mail　toiawase@kajo.co.jp
URL　https://www.kajo.co.jp

【お問合せフォーム】

© NPO法人　遺言・相続リーガルネットワーク　2016
Printed in Japan
ISBN978-4-8178-4344-9

〈JCOPY〉〈出版者著作権管理機構　委託出版物〉
本書を無断で複写複製（電子化を含む）することは、著作権法上の例外を除き、禁じられています。複写される場合は、そのつど事前に出版者著作権管理機構（JCOPY）の許諾を得てください。
また本書を代行業者等の第三者に依頼してスキャンやデジタル化することは、たとえ個人や家庭内での利用であっても一切認められておりません。

〈JCOPY〉HP：https://www.jcopy.or.jp、e-mail：info@jcopy.or.jp
電話：03-5244-5088、FAX：03-5244-5089